BERLINER REBELL*INNEN

ARIELLA VERLAG

RONEN ALTMAN KAYDAR

BERLINER REBELL*INNEN

WIE JUNGE JUDEN & JÜDINNEN DIE GESCHICHTE BERLINS PRÄGTEN

ARIELLA VERLAG

INHALT

BERLINER REBELL*INNEN

VORWORT

Geschichte ist das, was irgendwann einmal in der Vergangenheit passiert ist, darum ist es ganz natürlich, es sich als etwas Altes und Altmodisches vorzustellen – staubige und vergilbte Seiten, Schwarz-Weiß-Bilder sowie weißhaarige Frauen und Männer, die sich ruhig bei einer Tasse Tee unterhalten. Aber in der Realität trugen sich alle historischen Ereignisse in der Gegenwart – der Gegenwart dieser bestimmten historischen Zeit – zu. Ihre Held:innen erlebten die Geschichte in Farbe, Lärm und Aufregung; und viele von ihnen waren keine alten Menschen, die Tee tranken, sondern junge Leute, manchmal jünger als diejenigen, die heutzutage in Gymnasien und an Universitäten etwas über diese Menschen lernen. Tatsächlich wurden Frauen und Männer in den meisten Zeitabschnitten vor dem 20. Jahrhundert in einem jüngeren Alter als Erwachsene gesehen als heute: Sie heirateten, gingen zur Arbeit, veröffentlichten Werke und gründeten Unternehmen, als sie noch Teenager oder nur wenig älter waren. Und infolgedessen gingen sie meist noch, bevor sie ihren 25. Geburtstag feierten, in die Welt hinaus, um dieser ihren Stempel aufzudrücken.

Dies ist der Gedanke, aus dem dieses Buch geboren wurde. Es erzählt die Geschichte von Jüdinnen und Juden in Berlin durch die Augen junger Männer und Frauen, die zu verschiedenen Zeiten in dieser Stadt lebten. Die Protagonist:innen des Buches standen vor schwierigen Aufgaben, erzielten beeindruckende Leistungen, machten faszinierende Erfahrungen und ließen sich von den Strömungen mitreißen, die ihre Lebenszeit bestimmten – all dies, als sie im Teenageralter oder Anfang 20 waren. Sie waren Frauen und Männer; Kapitalist:innen, Sozialist:innen und Anarchist:innen; Ur-Berliner:innen und Immigrant:innen; Fromme und Abtrünnige; Künstler:innen und Aktivist:innen; Gelehrte und Sportler:innen, sogar Sportweltmeister:innen – aber auch immer mehr als dies. Ihre gemeinsame Geschichte ist eine Geschichte des Umbruchs, der Veränderung der gesellschaftlichen sowie persönlichen Verhältnisse, von der ich eine Vielzahl von Möglichkeiten aufgezeigt habe, um verständlich zu machen, wie unterschiedlich junge Menschen über die Jahrhunderte hinweg als Jüdinnen und Juden in Berlin lebten.

Moses Mendelssohn

Personalausweis

Name: **Moses Mendelssohn**
Geburtsdatum: 6. September 1729
Geburtsort: Dessau
Adresse: Probststraße und Spandauer Straße (Wohnungen), Friedhof Große Hamburger Straße (Ehrengrab) in Berlin-Mitte
Bekannt für: Er brachte sich selbst die deutsche Sprache und ihre Kultur bei und wurde damit der erste jüdische Philosoph Deutschlands.
In welchem Alter? Im Alter von 14 bis 23 Jahren
Und was noch? Er übersetzte die Torah (also die fünf Bücher Mose der Bibel – in der christlichen Tradition zählen sie zum Alten Testament bzw. zur Hebräischen Bibel) aus dem Hebräischen in einer erweiterten Ausgabe ins Deutsche. Diese war für jüdische Leser:innen bestimmt und korrigierte einige Fehler aus der früheren Übersetzung von Martin Luther.
Spuren in Berlin heute: Jüdisches Gymnasium Moses Mendelssohn in Berlin-Mitte; Moses-Mendelssohn-Oberschule in Berlin-Moabit; Fromet-und-Moses-Mendelssohn-Platz in Berlin-Kreuzberg

Auf alle Fälle lernen

1743

Ein schmächtiger Jüngling lief langsam, aber zielsicher auf dem Weg zum Halleschen Tor. Sein Rücken war gebeugt, denn er trug einen schweren Sack. Seine Kleider waren ausgeblichen und ihm viel zu groß. Zarte Stoppeln schmückten sein Gesicht und er war barfuß unterwegs. Auf beiden Seiten des Tores standen Soldaten Wache. Der Jüngling war müde und hungrig, konnte aber seinen Blick nicht von den Uniformen der Soldaten abwenden. Diagonale weiße Streifen dekorierten die blauen Uniformröcke, also die Jacken, die sie trugen. Gleich komme ich dran, dachte er nervös bei sich. »Weise dich aus!«, rief einer der Soldaten laut und blickte ihn tadelnd an. »Moses Mendelssohn von d… von d… von der jüdischen Gemeinde aus Dessau«, sagte der Jugendliche erschrocken und sprach die Worte in **Judendeutsch**, so wie sein Vater zu sprechen pflegte. Das Gesicht des Soldaten veränderte plötzlich seine Farbe und lief tiefrot an. »Juden und Schweine – nur durchs Rosenthaler Tor!«, rief er wütend auf Deutsch, spuckte drei Mal aus und wies mit seiner Hand auf den Weg, der an der Mauer entlangführte.
Moses' Deutsch war nicht besonders gut, aber er verstand, was gemeint war. Nachdem er eine weitere halbe Stunde auf dem matschigen Weg gelaufen war, stand er schließlich vor dem viel weniger prachtvollen Rosenthaler Tor im Norden Berlins und reihte sich hinter einem stämmigen Bauern ein, der einen gereizten Stier führte.

»Jude!«, rief ihm der Soldat zu. »Was verkaufst du? Zeig her, was hast du denn da?«
Moses nahm den großen Sack vom Rücken und zeigte der Torwache die wenigen Habseligkeiten darin: einen Schlafanzug, Wasser und einige Bücher – mehr hatte er nicht mitgenommen. Rabbiner Fränkel hatte ihn gewarnt,

dass jüdische Hausierer in Berlin unerwünscht seien.
»Ich verkaufe nichts«, sagte er. »Ich bin zz… zz… zum Lernen gekommen.«
Die Torwache ließ ein Schnaufen hören.
»Du bist, so wie alle Juden, gekommen, um hier als Bettler zu leben und unser Brot zu essen. Verschwinde.«
Nein, das konnte nicht sein, dachte Moses erschrocken.
Es konnte doch nicht sein, dass nach jahrelangem, eifrigem Lernen und fünf Tagen beschwerlichen Fußmarsches ein abweisender Torwächter mir nichts, dir nichts seinem Traum ein Ende setzen konnte. Seinem großen Traum, bei seinem Lehrer und Rabbiner in Berlin zu lernen. Moses sammelte all seine Kräfte, um einen klaren Satz hervorzubringen.
»Ich bin gekommen, um beim Rabbiner David Fränkel zu lernen.«
Der Gesichtsausdruck des Soldaten änderte sich mit einem Mal.
»Fränkel, sagst du?«, fragte er, während er seine Augenbrauen zusammenzog. »Und er kümmert sich auch um einen Platz für dich?«
Moses nickte. Der Torwächter streckte seine Hand aus.
»Drei Taler. Viehsteuer«, befahl er und spuckte auf den schlammigen Boden.

1747

Starker Regen klopfte auf das Dach des Hauses der Familie Bamberg in der Probststraße. Eine brennende Kerze erleuchtete schwach zwei offene, auf dem Schreibtisch liegende Bücher. Moses prüfte die Kerze skeptisch: Das war die letzte, die ihm blieb, und sie musste bis zum Morgen reichen. Sein Magen knurrte und erinnerte ihn daran, dass er außer einer Scheibe Brot heute noch nichts gegessen hatte. Nicht während des anstrengenden Lernens in der Jeshiva und auch nicht am Nachmittag, als er das Tageslicht vom westlich ausgerichteten Fenster genutzt hatte, um die Schriften des Rabbiners ins Reine zu schreiben und sie zum Druck vorzubereiten. Die fünf Pfennige, die er morgen ausgezahlt bekäme, würden lediglich für einen weiteren Laib Brot und ein paar Kerzen reichen.

»Ich muss mich konzentrieren«, dachte er und beugte sich über die Bücher. Zu seiner Rechten lag ein wahrer Schatz: *Eine Abhandlung über den menschlichen Verstand* von John Locke. Jeder Satz formulierte bahnbrechende Gedanken und Einsichten über die Fähigkeiten des Menschen, die Welt zu erfassen und zu erklären. Links von ihm lagen Blätter des *Dictionarium Latino-Germanicum* von Johannes Fries, das er von Aaron Gumperz am Anfang des Sommers geschenkt bekommen hatte. Moses war seinem Freund dankbar: Er kannte die lateinische Grammatik zwar schon, aber ohne dieses Wörterbuch hätte er die Einzelheiten von Lockes komplizierter Philosophie nicht verstehen können, die ihm ja noch dazu nur auf Latein vorlag.

Er tauchte ins nächste Kapitel ab, »Wissen im Allgemeinen«, musste aber gleich wieder aufhören: Ein knarrendes Geräusch kündigte an, dass jemand die Treppe heraufkam. Mit geübter Flinkheit schloss er die beiden Bücher, versteckte sie unter der Heumatratze und holte den Jerusalemer **Talmud** hervor, den er von Rabbiner Fränkel bekommen hatte. Er konnte es sich nicht erlauben, mit einem deutschen oder gar – Gott behüte! – einem lateinischen Buch ertappt zu werden. Vor einer Woche hatte man bei Bleichröder ein deutsches Buch gefunden und ihn aus der Stadt vertrieben. Moses sehnte sich zwar nach seiner Familie in Dessau, wollte aber auf keinen Fall in die kleine Stadt zurück, in der keiner etwas über die Kraft und die Möglichkeiten des menschlichen Verstandes wusste.

Zu seinem Glück musste er diesmal nicht die misslaunig vorgetragenen Anordnungen seines Vermieters ertragen, sondern hatte mit dessen Frau Gella zu tun, die den leicht stotternden Jugendlichen mochte und ihm bei jeder Gelegenheit ein Lächeln schenkte. »Abendessen ist heute zwei Stunden später«, kündigte sie entschuldigend an. »Chaim hat dringende Geschäfte in Potsdam zu erledigen und kommt daher zwei Stunden später zurück nach Berlin.« »Danke«, sagte Moses. Sein Magen protestierte zwar vor Hunger, aber als Gella die Treppen hinunterstieg, musste er doch lächeln: Er hatte zwei weitere Stunden Zeit gewonnen, um die revolutionären, faszinierenden Ideen John Lockes zu erkunden. Und er begann bereits zu sehen, wie wunderbar sie sich mit **Rambams** Vorstellung vom göttlichen Verstand verbinden ließen, die der berühmte jüdische Gelehrte im 12. Jahrhundert niedergeschrieben hatte. Es blieb ihm nur zu hoffen, dass seine Kerze ausreichen würde.

* Im Text orange gekennzeichnete Begriffe werden im Glossar erklärt.

1750

Auf seinem Weg von der Dachwohnung der Bambergs zur Synagoge an der Rosenstraße ging Moses oft am Seidengeschäft von Isaak Bernhard vorbei. Seitdem das Geschäft eröffnet hatte, brauchte Moses immer ein wenig mehr Zeit für den Weg, da ihn das Schaufenster jedes Mal für einige Minuten fesselte. Dem herzlichen Händler, der hinter dem Tresen saß, entgingen die bewundernden Blicke nicht, die Moses auf die feinen Stoffe warf. Er fragte sich, warum der junge Gelehrte nie hereinkam. Doch für Moses reichten die Pfennige, die er damit verdiente, Schriften für den Rabbiner zu kopieren, nur manchmal für ein Buch, sicherlich nicht für solche Luxusgüter.

Als Moses mal wieder auf dem Weg zur Synagoge am Laden Halt machte, kam Herr Bernhard aus seinem Geschäft heraus. »Unglaublich, was?«, überrumpelte er ihn. »Als ich nach Berlin kam, hatte ich nur einen Wagen mit Knöpfen für einen Vierteltaler. Und jetzt schau selbst … bald bekommen wir die Genehmigung zur Produktion und wir können die Webstühle von hinten anstellen, und dann wird's hier wirklich losgehen.« Moses wusste, dass Bernhard als einfacher Krämer begonnen hatte und merkte jetzt, wie stolz der Händler auf seine bescheidene Herkunft war. Er sah seine Chance gekommen und nahm all seinen Mut zusammen: »Ich würde gerne …«, begann er und versuchte sein Stottern zu kontrollieren. Aber Bernhard kam ihm zuvor. »Du willst Lehrer sein, ich brauche für meinen Sohn einen **Melamed**. Und laut dem, was Rabbi Fränkel in seiner Empfehlung geschrieben hat«, hier hob er ein Stück Papier vom Tisch hoch, »bist du genau, was ich suche.«

Moses wollte antworten, aber sein Mund blieb vor Überraschung stumm. Er hatte sich diese Antwort erhofft, aber nicht erwartet, sie schon beim ersten Versuch zu erhalten. Eigentlich interessierte er sich nicht besonders für das Unterrichten. Da er aber sein Studium beendet hatte, war die einzige Möglichkeit für ihn, offiziell in Berlin zu bleiben, wenn er als Haushaltsmitglied eines **Schutzjuden** erfasst würde – zum Beispiel als Lehrer von dessen Kindern.

»Ich habe nur eine Frage«, sagte Herr Bernhard, das Schweigen des Jugendlichen ignorierend. »Wieso suchst du eigentlich keine Stelle als Rabbiner? Du bist doch voll ausgebildet? Und mit dieser Empfehlung von Rabbi Fränkel kannst du in jedem Dorf von hier bis nach Warschau eine Anstellung finden.« Das war eine sehr gute Frage, denn Bernhard hatte Recht. Moses zögerte lange, bis er antwortete, denn er musste zunächst einmal darüber nachdenken. »Es ist mir wichtig, weiter zu lernen«, sagte er letztendlich. »Nicht nur den **Talmud** und die **Poskim** zu interpretieren, sondern sie mit anderen Ideen zu verbinden, so wie es der Rambam getan hat, der Aristoteles' Schriften mit den Prinzipien des Judentums verband.« Er war vorsichtig, nicht die neuen Philosophen zu erwähnen, in dessen Schriften er sich vertieft hatte, aber trotz seiner diplomatischen Formulierung fürchtete er Herrn Bernhards Reaktion. Zu seiner Überraschung lehnte sich der Händler auf seinem Stuhl nach hinten und ein breites Lächeln zog über sein Gesicht. »Das ist genau das, was ich hören wollte. Ich möchte, dass Mayer nicht nur die **Torah** und die **Gemara** lernt, sondern auch Deutsch und Mathematik. Dass die Beamten des Königs ihn nur nicht hereinlegen können! Und keine Sorge, du wirst genügend Zeit haben zu studieren, wenn es das ist, was du willst.« Moses' Gesicht leuchtete auf. Er drückte seinen Rücken durch, dass er so gerade stand, wie es nur ging. »Wann fangen wir an?«, rief er begeistert.

Moses Mendelssohn

Gedenktafel am Haus Spandauer Straße, Moses' zweitem Wohnort

Was passierte drumherum?

Moses Mendelssohn erreichte Berlin zur richtigen Zeit: gleich nachdem Friedrich II. (später Friedrich der Große) an die Macht kam und die Aufklärung als Staatsgrundsatz ausrief. Diese Bewegung, die in Frankreich Anfang des 18. Jahrhunderts an Popularität gewann, hatte es sich zum Ziel gesetzt, Moral, Ästhetik und Politik auf wissenschaftlicher Erkenntnis und menschlichem Verstand fußen zu lassen statt auf unangefochtenen, althergebrachten Gesetzen einer Religion oder altertümlichen Schriften.

Am Anfang wurden in Preußen die Prinzipien der Aufklärung mit Hilfe von Büchern verbreitet, die aus dem Ausland eingeführt wurden, wie dem, das Moses Mendelssohn heimlich las. Nachdem aber der König den französischen Philosophen Voltaire an seinen Hof eingeladen hatte, begannen die Ideen auch in der höheren Gesellschaft akzeptiert zu werden. Gleichzeitig begann sich die Ausgrenzung und Abschottung der jüdischen Gesellschaft in Berlin schrittweise aufzulösen. Dadurch gab es immer mehr Händler, Bankiers und Geldwechsler in der Stadt. Obwohl Friedrich II. die Juden zwar als Gruppe verabscheute, definierte er Einzelne als »nützlich« und akzeptierte sie als Individuen. Zu dieser kleinen Anzahl akzeptierter Juden gehörte unter anderem der Bankier und Eigentümer der Notenpresse Veitel Heine Ephraim, der Friedrich II. dabei half, sein Vermögen zu vergrößern. Ebenso waren aber auch einige Seidenhändler darunter (unter ihnen Isaak Bernhard), die dem Königshof wertvolle Stoffe lieferten – auch diese kamen aus Frankreich und hatten einen viel günstigeren Preis.

Durch den ständigen Kontakt dieser Jüdinnen und Juden mit den Menschen des Königshofs und den Adligen wurden sie von den sich dort verbreitenden Ideen der Aufklärung beeinflusst. Auch sie wollten ihren Kinder nun einen breiter gefächerten Lernstoff bieten – einen, der nicht nur aus der Interpretation der Gemara und des Talmuds bestand. Einzelne Familien schickten ihre Kinder auf christliche Gymnasien, wie z.B. die französische Schule, die in Berlin eröffnet hatte. Aber die meisten suchten einen Mittelweg, der ihren Kindern sowohl die jüdische Tradition als auch die neuen Ideen vermitteln würde. Einer der herausragenden jüdischen Gelehrten war Aaron Gumperz, der erste Berliner Jude, der auf einer deutschen Universität zum Arzt ausgebildet worden war. Gumperz, Sohn einer bekannten

Familie von Ärzten und Gelehrten, brachte dem jungen Mendelssohn Französisch und Englisch bei und half ihm auch beim Studium des Lateins, in das er selbst vertieft war.

Und was passierte danach?

Moses Mendelssohn befand sich an der Wegkreuzung zweier historischer Bewegungen: der sich ausbreitenden Aufklärung in Deutschland und dem Wunsch der Jüdinnen und Juden nach einer säkularen, allgemeinen Erziehung. Einige Jahre, nachdem er begonnen hatte, als Lehrer zu arbeiten, machte Gumperz ihn mit dem Dramatiker Gotthold Ephraim Lessing bekannt, einem der Vorreiter der deutschen Aufklärung. Lessing lebte die eine Hälfte seiner Zeit in Leipzig und die andere im Nikolaiviertel in Berlin. Dort half er dem jungen Mendelssohn, seine Ideen auszufeilen und in die intellektuelle Gesellschaft Deutschlands aufgenommen zu werden. Diese hatte Vorbehalte dagegen zu glauben, dass ein Jude Philosoph sein könne. Ein weiterer Freund, der Schriftsteller und Verleger Friedrich Nicolai, gab Mendelssohns Bücher heraus, die schon bald von jedem und überall gelobt wurden.

Die von Mendelssohn entwickelte theologische Philosophie suchte nach dem gemeinsamen rationalen Grundnenner der drei »abrahamitischen« Religionen (Judentum, Christentum, Islam). Seine Anschauungen sollten große Wellen schlagen und intellektuelle Diskussionen in ganz Europa auslösen. Sogar Friedrich der Große konnte Mendelssohn nicht ignorieren und lud ihn auf Wunsch einer seiner Gäste sogar offiziell in sein Schloss Sanssouci vor den Toren Berlins ein – wobei er es aber nicht über sich brachte, den jüdischen Philosophen persönlich zu treffen.
Trotz des Erfolgs vergaß Mendelssohn nicht, woher er gekommen war, und widmete sich Zeit seines Lebens der Frage, die viele Juden beschäftigte: Wie kann man sich in die Mehrheitsgesellschaft integrieren und einen angesehenen Platz erlangen, ohne seinem jüdischen Erbe den Rücken zu kehren? Mendelssohn sah in der Bildung die Lösung dieses Dilemmas und rief die Menschen seiner Religionsgemeinschaft auf, sich selbst und ihren Kindern eine möglichst breite und allgemeine Bildung zu ermöglichen. Dies

sah er als Voraussetzung dafür, an dem großen Projekt der Aufklärung teilhaben zu können – also eine moralische und gerechte Gesellschaft aufzubauen, die sich auf die Grundpfeiler von Wahrheit und Verstand stützt. So hatte es bereits der Rambam – Rabbi Moshe Ben Maimon, der große jüdische Gelehrte des 12. Jahrhunderts – vertreten. Ben Maimons Schriften hatte Mendelssohn bei Rabbi David Fränkel studiert. Der bedeutende Denker des Mittelalters hatte nie einen Widerspruch zwischen Verstand und Glauben gesehen. So wurde Mendelssohn zu einem Philosophen der Aufklärung, der, genauso wie Maimon, allen jüdischen **Mitzvot**, also den religiösen Geboten, bis zum Ende seiner Tage folgte.

Die jüdische Gesellschaft, die das richtige Rezept für eine Assimilierung an die Mehrheitsgesellschaft suchte, reagierte begeistert auf den Aufruf und tauschte schnell die traditionellen Hauslehrer (hebräisch: Melameds) der vorherigen Generation durch mehrsprachige, weltlich gebildete Privatlehrer aus – so wie Moses Mendelssohn einer war. Mendelssohn selbst blieb nicht lange Lehrer. Als Bernhards Kinder groß waren, musste er, um seine Erlaubnis, in Berlin leben zu dürfen, nicht zu verlieren, als Buchhalter in einer Seidenfabrik arbeiten. Erst im Alter von 36 Jahren, nachdem er Weltruhm erlangt hatte, erhielt Mendelssohn vom König die offizielle Erlaubnis, in der Stadt zu leben, und nicht mehr nur als Anhängsel eines **Hofjuden**. So schloss sich ein Kreis, der 22 Jahre zuvor seinen Anfang genommen hatte: Der schmale 14-jährige Jugendliche, der so sehnsüchtig nach Berlin hatte kommen wollen, um endlos studieren zu können, war dank seines Lernens zum dauerhaften Bürger der Stadt geworden.

Moses Mendelssohn (1729–1786).
Kupferstich nach einem Gemälde von Anton Graff.

Im Museum Knoblauchhaus im Nicolaiviertel kann man ein voll eingerichtetes Bürgerhaus aus der Zeit Moses Mendelssohns besichtigen.

Alte Synagoge

Hallesches Tor

Das im üppigen Barockstil erbaute Ephraim-Palais ist heute ein Museum und kann besichtigt werden.

Nikolaikirche

Nikolaiviertel heute

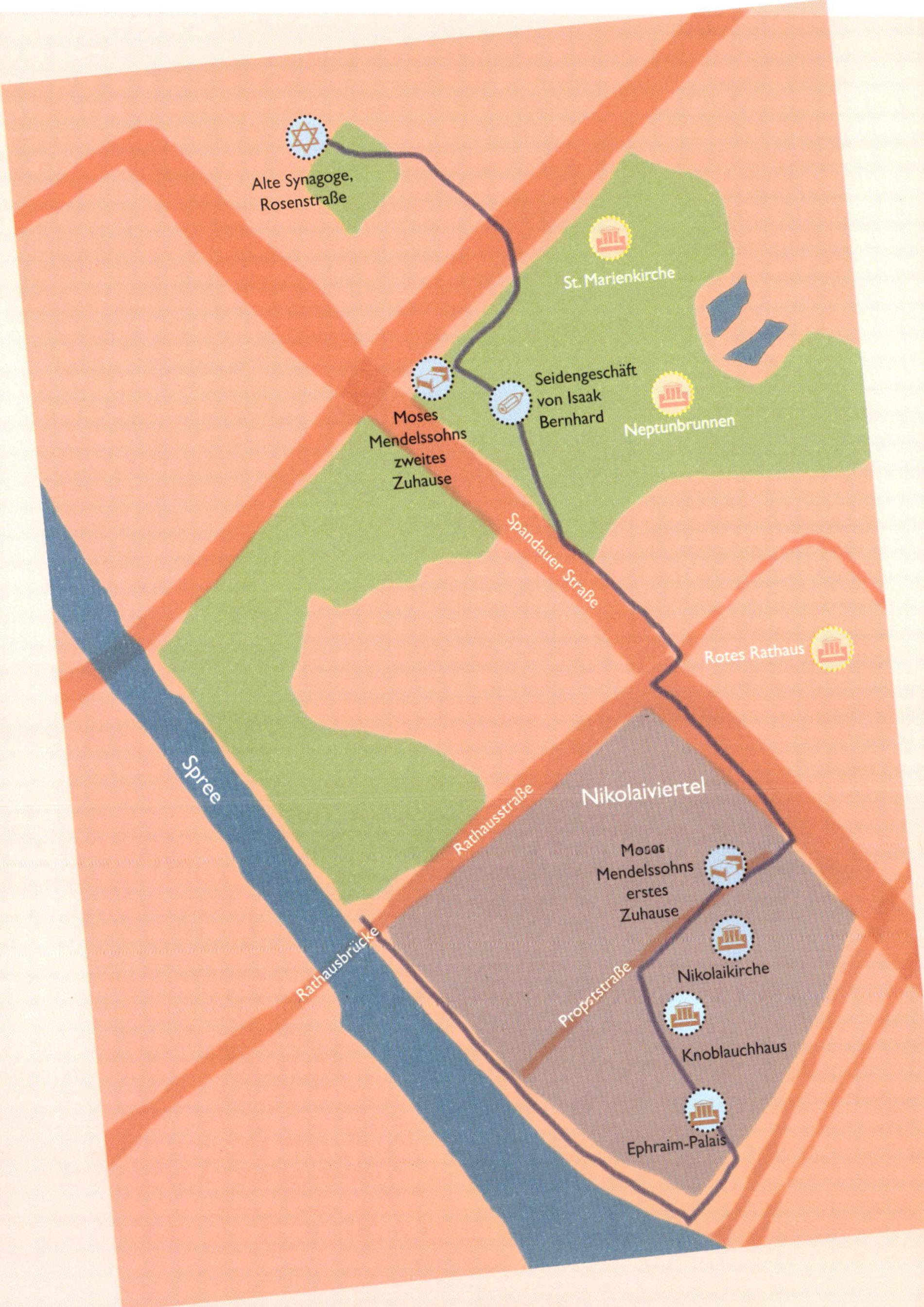

AUF DEN SPUREN VON
MOSES MENDELSSOHN

Henriette Herz

Personalausweis

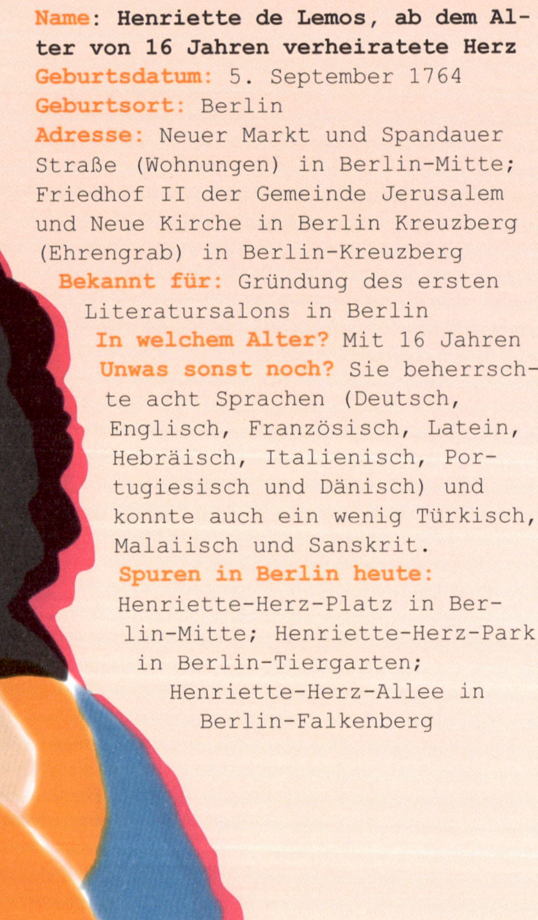

Name: **Henriette de Lemos, ab dem Alter von 16 Jahren verheiratete Herz**
Geburtsdatum: 5. September 1764
Geburtsort: Berlin
Adresse: Neuer Markt und Spandauer Straße (Wohnungen) in Berlin-Mitte; Friedhof II der Gemeinde Jerusalem und Neue Kirche in Berlin Kreuzberg (Ehrengrab) in Berlin-Kreuzberg
Bekannt für: Gründung des ersten Literatursalons in Berlin
In welchem Alter? Mit 16 Jahren
Unwas sonst noch? Sie beherrschte acht Sprachen (Deutsch, Englisch, Französisch, Latein, Hebräisch, Italienisch, Portugiesisch und Dänisch) und konnte auch ein wenig Türkisch, Malaiisch und Sanskrit.
Spuren in Berlin heute: Henriette-Herz-Platz in Berlin-Mitte; Henriette-Herz-Park in Berlin-Tiergarten; Henriette-Herz-Allee in Berlin-Falkenberg

Im Salon von Henriette

1778

Wie ein Lauffeuer verbreitete sich das Gerücht: Eine neue jüdische Schule sollte demnächst in Berlin neben dem Friedhof in der Großen Hamburger Straße eröffnet werden. Die 14-jährige Henriette hatte von Herrn Friedländer davon gehört, als dieser mit ihnen beim Abendessen im Familienhaus am Neuen Markt zusammensaß. Herr Friedländer hatte ihrem Vater, einem Arzt, von der Idee erzählt und ihn um Unterstützung gebeten. Henriette interessierte sich von Physik bis zu Latein für jedes Sachgebiet und brannte darauf, alles über die neue Schule zu erfahren. Als wohlerzogener Teenager einer respektablen Familie – den de Lemos – behielt sie ihre Fragen allerdings für sich. Zum Glück war Herr Friedländer von seinem Projekt überaus begeistert und beeilte sich – auch ohne ihr Nachfragen –, seinen Gastgebern die Idee im Detail vorzustellen. Henriette freute sich zu hören, dass die Schule nicht wie eine **Jeshive** oder eine **Talmud-Torah-Schule** im alten Stil aufgebaut werden sollte. Sondern sie würde auch Allgemeinbildung und diverse alltägliche Fächer anbieten, um den Jüdinnen und Juden der Stadt zu helfen, sich der deutschen Mehrheitsgesellschaft anzupassen, und um den Umgang mit den Behörden zu vereinfachen.

Dr. de Lemos seufzte und Henriette lächelte in sich hinein. Schließlich verwirklichte dieses Projekt genau die Werte, die der alte Herr Mendelssohn, der gleich um die Ecke von ihnen wohnte, immer propagiert hatte. Genau die Werte, wegen derer ihr Vater für sie die besten Privatlehrer der Stadt ausgewählt hatte. Sie schloss ihre Augen und stellte sich vor, wie sie in einer Klasse saß, dicke gebundene Bücher auf Latein las und tiefschürfende Gespräche mit Gleichaltrigen führte, oder sogar – irgendwann – selbst eine Klasse wissenshungriger Kinder unterrichtete. Auf einmal aber fügte ihr Gast hinzu, dass die neue Schule nur für Kinder von armen Juden und für Familien mit beschränkten Mitteln sei. Für Familien also, die sich keine Privatlehrer leisten konnten. Der Name der Schule würde »Erziehungsgesellschaft für Jungen« lauten. Jungen, nicht Mädchen, verstand Henriette enttäuscht. Und sie würden von Lehrern und nicht von Lehrerinnen unterrichtet werden. Sie biss sich auf die Lippen und verlor für eine Weile das Interesse an dem Gespräch, bis sie ihren Namen hörte: Ihr Vater eröffnete ihr mit breitem Lächeln, dass er eine Überraschung für sie hätte.

»Nächste Woche«, sagte er feierlich, »wirst du nicht Latein lernen. Stattdessen kommt eine angesehene Künstlerin zu uns, die dein Porträt malen wird.« Henriette liebte den Lateinunterricht, wusste aber, dass dies eine große und seltene Auszeichnung war. Nur Prinzessinnen und adlige Töchter wurde die Ehre zuteil, in diesem frühen Alter einer Künstlerin Modell zu sitzen. Sie wusste bereits, was sie tragen würde – das gelbe Kleid mit dem weißen Mieder, das ihr Gesicht so schön betonte.

»Ich brauche doch eine Erinnerung an meinen Engel«, sagte ihr Vater augenzwinkernd, »wenn du das Haus nach der Hochzeit verlässt.«

Henriette wusste, dass ihr Vater es gut meinte, aber ohne dass er es wollte, taten seine Worte ihrer Seele weh. Denn selbst wenn die Schule Mädchen als Schülerinnen oder als Lehrerinnen akzeptieren würde, wäre sie keine von ihnen, da sie in einigen Monaten ein prächtiges Kleid tragen und einem Mann zur Frau werden würde – dieser Gedanke war schon an sich merkwürdig ... Sie wusste auch, dass sie Glück hatte: Marcus Herz, der von den Eltern für sie vorgesehene Bräutigam, war nicht nur ein erfolgreicher Arzt, sondern auch ein Intellektueller, ein Mann des Gesprächs und ein feiner Mensch voller Gefühl. Jedenfalls hatte sie ihn während der zwei Jahre dauernden Verlobungszeit als solchen kennengelernt. Er hatte ihr auch versprochen, dass sie weiter lernen könne und ihre Privatlehrer in ihr neues Zuhause einladen dürfe. Und trotzdem, trotz allem, irgendetwas in ihr konnte nicht ablassen von einer Vision, die sie vor ihrem inneren Auge, in ihrer Fantasie ganz klar vor sich sah: eine Gruppe junger, gemeinsam lernender Menschen, die sich angeregt miteinander unterhielten.

Frühling 1780

Zwei Jahre später, im kleinen Wohnzimmer der Familie Herz, servierte Henriette einigen Damen einen Tee. Es waren die Gattinnen der Ärzte, die ihr Ehemann im großen Zimmer zu Besuch geladen hatte. Auch Henriettes Freundin Brendel Mendelssohn war zu Besuch gekommen und hatte Henriette ein Geschenk von ihrem Vater mitgebracht. Henriette fiel es schwer, ihre Freude darüber zu mäßigen: Es war ein neuer Gedichtband von Goethe, ihrem Lieblingsdichter, dessen Worte sie immer wieder aufs Neue berührten.

Ohne zu zögern schlug sie den Frauen, die im Wohnzimmer versammelt waren, vor, ihnen einige Gedichte vorzulesen. Als sie zu Ende gelesen hatte, bemerkte Brendel, ihrer Meinung nach habe Goethe der deutschen Sprache eine Bedeutung hinzugefügt, die es in der Vergangenheit nicht gegeben hätte. Die Frauen baten sie, ihnen zu erklären, wieso die Worte des Dichters sie so entzückten, und sie folgte der Bitte umgehend. Eine der Frauen fragte, wie er sich denn von früheren Schriftstellern unterscheide, und Henriette kam Brendel mit einigen Erklärungen zu Hilfe. Innerhalb weniger Minuten entstand im Raum eine lange und angeregte Diskussion, die so faszinierend war, dass Henriette sogar vergaß, von ihrem Tee zu trinken. Als Dr. Herz schließlich ins Zimmer schaute und verkündete, es sei für die Damen Zeit zum Aufbruch, stand eine volle Tasse mit einer kalten Flüssigkeit neben ihr auf der Anrichte.
»Liest du uns nächstes Mal noch etwas vor?«, fragte eine der Frauen und Henriette nickte erstaunt. Aber erst nachdem alle gegangen waren, fing sie an zu verstehen, was passiert war.
»Sag mal«, sagte sie zu ihrem Mann in einem vorsichtigen, zurückgenommenen Ton, »würde es dich stören, wenn ich und die Freundinnen, während eurer wissenschaftlichen Diskussionen, die ihr im großen Zimmer führt, im Wohnzimmer über Literatur und Philosophie sprechen?«
Marcus Herz runzelte die Stirn. »So wie in den Salons in Frankreich, meinst du?« Er war ein gebildeter Mensch und verstand sie sofort.
»Genau«, antwortete sie.
»Wieso nicht?! Wir können einen doppelten Salon machen«, sagte Marcus großzügig und fügte dann nachdenklich hinzu: »Weißt du, einer meiner Gäste beschwert sich immer, dass wir uns nur mit Medizin und Physik beschäftigen

und gleich das Thema wechseln, sobald wir der Philosophie näherkommen. Das nächste Mal schicke ich ihn zu dir.«

1784

Marcus Herz hielt, was er versprochen hatte, und schickte einige der Männer während der Zusammenkünfte ins kleine Wohnzimmer. Bald schon war er überrascht zu sehen, wie sehr alle von seiner Frau beeindruckt waren. Schnell zog die Kunde weite Kreise über die scharfzüngige junge Frau, deren tiefes Wissen nur von ihrem Charme übertroffen wurde, mit dem sie es präsentierte. Immer öfter tauschten Schriftsteller, Dichter, Philosophen und sogar Adlige die Plätze mit den Arztfrauen. Innerhalb von nur wenigen Jahren wurde Henriettes literarischer Salon zum Stadtgespräch und übertraf in der Anzahl der Besucherinnen und Besucher sowie ihrer Prominenz bei Weitem die wissenschaftlichen Diskussionen, die bei Marcus und seinen Freunden stattfanden.

Einige Tage nachdem Henriette Herz ihren 20. Geburtstag gefeiert hatte, erwähnte einer der Besucher im Salon die »Erziehungsgesellschaft für Jungen«. Er arbeitete als Französischlehrer an der Schule und erzählte den Anwesenden des Kreises verärgert, dass die Leitung beschlossen hatte, den jüdischen Charakter der Institution zu stärken und die Erforschung der Gemara dem Lehrplan hinzuzufügen. In der stürmischen Diskussion, die darüber im Raum aufkam, sprachen die Leute frei über die jüdische Tradition, über die Notwendigkeit sich anzupassen, über Friedländers Vorschlag eines dualen Glaubens, also jüdisch-christlich zu leben, und mehr. Anders als sonst nahm Henriette Herz fast gar nicht an dem Gespräch teil, schaute stattdessen von der Seite zu und lächelte. »Wer muss schon zur Schule gehen«, dachte sie zufrieden, »wenn ich die Schule zu mir, in den Salon, bringen kann?«

* Im Text orange gekennzeichnete Begriffe werden im Glossar erklärt.

Was passierte drumherum?

Im Alter von 16 Jahren war Henriette Herz die erste Jüdin in Berlin, die in ihrem Haus einen literarischen Salon eröffnete. Aber sie war nicht die Einzige. Ihre gleichaltrige und gute Freundin Brendel Mendelssohn war so von den faszinierenden Gesprächen bei Henriette begeistert, dass sie sich entschloss, auch bei sich einen Leseraum zu gründen. Brendel hatte mit 18 Jahren den Bankier Simon Veit geheiratet, der sich nicht besonders für Literatur, Wissenschaft und Philosophie interessierte. Der Ehrengast in ihrem Salon sollte bei den ersten von ihr veranstalteten Treffen ihr Vater, der Philosoph Moses Mendelssohn, sein. Mendelssohn starb im Jahre 1786, als Henriette und Brendel 22 Jahre alt waren.

Im selben Jahr starb auch der preußische König, Friedrich der Große. Friedrich war als König-Philosoph bekannt, der die Wissenschaft, die Literatur und die Musik schätzte. An seinem Hof beschäftigte man sich mit Mathematik sowie mit literarischen Spitzfindigkeiten und Rätseln. Die vorherrschende Sprache in diesen Kreisen war Französisch, das in ganz Europa die Sprache der Adligen war. Der König pflegte zu sagen, dass man auf Französisch mit Menschen sprach und auf Deutsch mit Pferden. Es war schwer, ihn oder jemanden von seinem Hof dafür zu begeistern, Goethes Gedichte oder einen anderen deutschen Dichter zu lesen, zu zitieren und ernst zu nehmen. Dies war einer der Hauptgründe dafür, dass nicht nur Jüdinnen und Juden gerne in die Salons von Henriette, Brendel und deren Freundinnen gingen, sondern auch junge Intellektuelle aus den angesehensten Familien in Berlin.

Aber der Tod von Friedrich dem Großen bedeutete auf keinen Fall die Rückkehr der deutschen Sprache in den Fokus des kulturellen Interesses. Der auf ihn folgende König, Friedrich Wilhelm, war zwar kein französischer Snob, der seine Landessprache Deutsch verachtete, aber er zeigte überhaupt kein Interesse an den Natur- oder Geisteswissenschaften und bevorzugte »das gute Leben« im Schloss: üppige Mahlzeiten, Jagdausflüge sowie alles, was damit einhergeht. Die Hofdichter wurden von ihren Posten entlassen, die Wissenschaftler sollten Brücken bauen, und die jungen Berliner, die über aktuelle Dinge in der Welt diskutieren wollten, waren mehr denn je an den Salons der jüdischen Frauen interessiert. Vier Jahre später, 1790, eröffnete Rahel Levin, eine 19-jährige, ledige junge Dame, einen eigenen Salon in der Jägerstraße in der Friedrichstadt, dem neuesten Viertel von Berlin, und das gesprächshungrige Publikum riss sich um das Angebot.

Und was passierte danach?

Henriette führte ihren Salon 23 Jahre lang und zählte Dutzende bekannte Künstler, Schriftsteller und Philosophen zu ihren Gästen. Einer von ihnen war der Bildhauer Johann Schadow, der an einem Abend seine Arbeitserfahrungen bei der Erstellung der Quadriga mit den Anwesenden teilte, der Frauenstatue, die in einer Kutsche über dem Brandenburger Tor fährt. In den letzten Jahren des Salons kam auch der Dichter und Kritiker Friedrich Schlegel dazu, ein aufsteigender Stern am Himmel der deutschen Literatur.

Aber die wohl mit Abstand bedeutendsten jungen Leute, die ihre Zeit im Wohnzimmer in der Spandauer Straße verbrachten, waren die Brüder Wilhelm und Alexander von Humboldt, Söhne einer alten adligen, preußischen Familie. Fünf Jahre nach dessen Entstehen kamen sie eines Tages in den Salon. Henriette Herz schaffte es nicht, ihre Aufregung zu verbergen, als sie die Tür öffnete und die beiden vor sich stehen sah. Wilhelm und Alexander, die trotz ihres jungen Alters von 18 und 16 Jahren zu den beliebtesten Singles von Berlin gehörten und auf ihr breites Wissen stolz waren, wollten den zum Stadtgespräch gewordenen Salon sehen. Schnell wurden sie Teil des festen Besucherkreises. Wilhelm, der Ältere, achtete auf eine bestimmte aristokratische Distanz, aber Alexander, der dreist, verwegen und ruhelos war, erlag dem Charme der Gastgeberin und bat sie, ihm Hebräisch beizubringen, damit er ihr in einer Sprache schreiben könne, die sonst keiner verstünde. Um sie dazu zu überreden, überschüttete er sie mit Komplimenten und beschrieb sie in seinen Briefen als diejenige, die ihn aus seinem Schloss der Langeweile, wie er das riesige Anwesen seiner Familie in Nordberlin nannte, gerettet habe. Alexander von Humboldt, der als Wissenschaftler seiner Zeit bekannt wurde, durch die ganze Welt reiste und die Kontinente erkundete, war voller Verehrung für Henriette Herz.

Im Jahre 1803, nach dem Tod ihres Mannes Marcus, hörte Henriette Herz auf, die Elite von Berlin bei sich zu empfangen. Mit Napoleon Bonapartes Machtergreifung in Frankreich kam ein neuer Wind nach Preußen und auch nach Berlin: Kriegswind. Nach und nach wechselten nationalistische Vereine die literarischen Salons aus, und diese schlossen einer nach dem anderen. Henriette Herz verdiente ihr Brot mit Privatunterricht für Kinder aus armen Familien und blieb eng befreundet mit Rahel Levin, auch als diese Karl Varnhagen, den offiziellen Biografen Goethes, heiratete und zum Christentum übertrat. Alexander von Humboldt war es, der später Friedrich Wilhelm IV. dazu überreden sollte, der verarmten Henriette eine königliche Rente zu verleihen, um ihr im Alter ein Einkommen zu sichern. Henriette Herz starb im Alter von 83 Jahren, viele Jahre, nachdem sie nicht nur Frauen, sondern allen Juden einen neuen Weg gebahnt hatte.

Henriette Herz

Henriettes Ehrengrab auf dem Friedhof II der Gemeinde Jerusalem und Neue Kirche in Berlin-Kreuzberg

Auf der linken Seite der Spandauer Straße: In einem dieser Häuser befand sich Henriettes Salon.

Jüdisches Gymnasium, Große Hamburger Straße 27, ehemals Friedländers Jüdische Schule

Im Umfeld der Marienkirche:Henriette Herzens erste Wohnung befand sich in einem dieser Häuser.

AUF DEN SPUREN VON **HENRIETTE HERZ**

Fanny Mendelssohn

Personalausweis

Name: **Fanny Mendelssohn, ab dem Alter von 24 Jahren verheiratete Fanny Hensel**
Geburtsdatum: 14. November 1805
Geburtsort: Hamburg
Adressen: Jägerstr. 51, Neue Promenade 7, Leipziger Straße 3 (Wohnungen) in Berlin-Mitte; Dreifaltigkeits-Friedhof (Grab) in Berlin-Kreuzberg
Bekannt für: Komposition von Liedern und Werken, die unter dem Namen ihres Bruders veröffentlicht wurden, und für ihr Klavierspiel, das begeisterte Zustimmung fand
In welchem Alter? Im Alter von 14 bis 23 Jahren
Und was noch? Als sie bei den Proben ihres Bruders zum Elijah-Oratorium zuschaute, das in Berlin aufgeführt werden sollte, hielt sie sich nicht zurück und wies den Pianisten darauf hin, dass er in einem falschen Rhythmus spielte. Der Dirigent, der von ihrem Verständnis beeindruckt war, engagierte sie sofort als musikalische Beraterin für die Produktion.
Spuren in Berlin heute: Fanny-Hensel-Grundschule und Fanny-Hensel-Weg in Berlin-Kreuzberg; Musikschule Fanny Hensel in Berlin-Mitte

Im Namen der Musik

11. Dezember 1819

Abraham Mendelssohn war glücklich. Im Laufe des **Napoleonischen Krieges** hatte seine Familie schwere Tage erlebt, hatte von Hamburg nach Berlin ziehen müssen und fand sich zeitweilig auch vollkommen entwurzelt in Wien wieder. Aber mit dem Sieg der Alliierten über Napoleon blühte das Geschäft wieder auf, und jetzt versammelten sich alle im kleinen Wohnzimmer, das im Gebäude hinter dem Bankhaus der Familie gelegen war, um Abrahams Geburtstag zu feiern. Es war ein Samstag und das Gefühl der Herrlichkeit im Raum weckte in ihm Erinnerungen an die feierlichen Mahlzeiten in seinem Elternhaus.

Er seufzte. Drei Jahre zuvor hatte er seine vier Kinder im Hause des Pfarrers der Jerusalemkirche taufen lassen, aber es fiel ihm immer noch schwer, sich an die Weihnachtsdekoration zu gewohnen, die Fanny am Fenster aufgehängt hatte. Er glaubte tief in seinem Herzen, dass die Zeit des Judentums vorbei war und dass die Annahme des Staatsglaubens seinen Kindern alle Möglichkeiten, die ihrem Status entsprachen, eröffnen würde.
Sein Blick konzentrierte sich auf seine Kinder und blieb auf der 14-jährigen Fanny haften. Diese stand gerade von ihrem Platz auf der Kirschholzbank auf und flüsterte Joseph, seinem Bruder und Geschäftspartner des Familiengeldhauses, etwas zu. Hier, das war es, dachte Abraham. An seinem vorigen Geburtstag hatte sie ihn mit dem notenblattlosen Spielen aller 24 Präludien aus dem *Wohltemperierten Klavier* von Bach überrascht. Mal sehen, welche Überraschung sie dieses Mal geplant hatte.
»Meine Damen und Herren«, rief Joseph, blickte auf das Blatt in seinen Händen und las vor: »Fanny und Felix Mendelssohn sind stolz, ein Lied zum Geburtstag von Papa vorzustellen. Weltpremiere.«

* Im Text orange gekennzeichnete Begriffe werden im Glossar erklärt.

Das Lächeln auf Abrahams Gesicht wurde breiter und er schloss sich voller Freude dem stürmischen Beifall an. Darum, dachte er bei sich, habe ich mich bemüht. Hätte er seine Kinder nicht taufen lassen, wer weiß, ob Herr Zelter, der Leiter der renommierten Singakademie zu Berlin, sie als seine Schüler für das Fachgebiet Komposition aufgenommen hätte.
Felix erhob sich als Erster, setzte sich neben das Klavier und warf sein lockiges Haar nach hinten. Abraham war seiner Frau Leah dankbar, dass sie den Kindern in frühem Alter das Klavierspiel beigebracht hatte. Aber er wusste, dass nur eine daran anknüpfende professionelle Ausbildung bei angesehenen Lehrern ihnen die Tür zu einer musikalischen Karriere öffnen würde. Oder zumindest, so korrigierte er sich, seinem Sohn.
Felix' Spiel und das Lied, das er ihm zu Ehren komponiert hatte, bewegten Abraham sehr, auch wenn die Melodie ziemlich einfach war. Felix ist noch keine elf, dachte er. Aber allein die Tatsache, dass er fähig war, etwas so Angenehmes zu arrangieren, belegte, dass er talentiert war. Am Ende des Liedes ging Felix wie ein erfahrener Künstler in die Knie und machte einen Knicks, dann überließ er seiner großen Schwester den Platz. Abraham schloss die Augen und bereitete sich darauf vor, das Spiel seiner Tochter zu genießen.

Musikdirektor Zelter war sehr von Fannys musikalischer Auffassung beeindruckt und bemerkte mehr als einmal, dass sie »etwas Besonderes« sei. Abraham musste schnell zugeben, dass er recht hatte: Es war das gleiche Lied, das Felix komponiert hatte – etwas über das harmonische Familienleben, das sie vor der Kälte draußen schützte –, aber Fanny benutzte eine unverkennbar reiche musikalische und edle Sprache. Abrahams Herz wurde immer schwerer, je höher die Komposition aufstieg. Er wusste, dass seine Tochter bald das heiratsfähige Alter erreichen würde, ihr Talent aber noch lange nicht ausgeschöpft war. Bald müsste er ihr Herz brechen. Ich muss ihr schreiben, dachte er, während sich das Wohnzimmer mit himmlischen Klängen füllte, ich muss sichergehen, dass sie sich keine Hoffnungen macht.
»Die Musik wird für Felix vielleicht Beruf«, formulierte er in Gedanken, »während sie für dich stets nur Zierde, niemals Grundstein deines Seins und Tuns werden kann und soll.«[1] Sie wird damit leben müssen, dachte er.

[1] Paraphrase (ungefähres Zitat) eines Briefes von Abraham Mendelssohn an seine Tochter aus dem Jahr 1820.

1826

Fanny Mendelssohn schaute durch die Gardinen. Das Sonntagskonzert sollte gleich beginnen. Im überdachten Garten des Hauses in der Leipziger Straße versammelten sich Männer in Anzügen und Frauen in eleganten Kleidern. Und alle kamen, um sie zu hören, sie und ihren Bruder. Schade nur, dass Wilhelm nicht hier ist, stahl sich der verbotene Gedanke in ihren Kopf, und sie errötete über das ganze Gesicht. Sie wusste, dass er in Rom war und die verwöhnende Herbstsonne zwischen den Olivenbäumen genoss, während es hier in Berlin bewölkt und grau war.

Fanny Mendelssohn

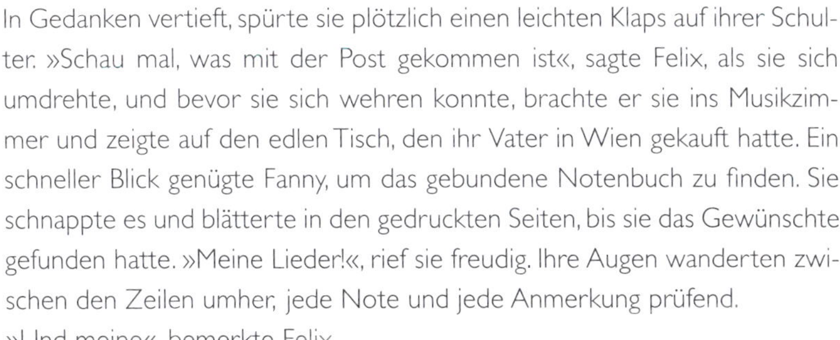

In Gedanken vertieft, spürte sie plötzlich einen leichten Klaps auf ihrer Schulter. »Schau mal, was mit der Post gekommen ist«, sagte Felix, als sie sich umdrehte, und bevor sie sich wehren konnte, brachte er sie ins Musikzimmer und zeigte auf den edlen Tisch, den ihr Vater in Wien gekauft hatte. Ein schneller Blick genügte Fanny, um das gebundene Notenbuch zu finden. Sie schnappte es und blätterte in den gedruckten Seiten, bis sie das Gewünschte gefunden hatte. »Meine Lieder!«, rief sie freudig. Ihre Augen wanderten zwischen den Zeilen umher, jede Note und jede Anmerkung prüfend.
»Und meine«, bemerkte Felix.
Fanny erstarrte auf der Stelle. In dem Buch waren zwar ihre und ihres Bruders Lieder, aber nur ein Name erschien dort: Felix Mendelssohn-Bartholdy. Sie und ihr Bruder hassten den Familiennamen, den ihr Vater hinzugefügt hatte, nachdem sie Christen geworden waren, aber bei offiziellen Veröffentlichungen hatten sie keine Wahl. Sie verzog ihr Gesicht und hoffte, ihr Bruder würde glauben, dass dies das Einzige war, was sie störte. Aber Felix bemerkte ihre Reaktion gar nicht.
»Siehst du?« Er hüpfte aufgeregt um sie herum. »Wir haben dir ja gesagt, dass es eine Chance gibt, dass die Lieder unter meinem Namen veröffentlicht werden. Papa hatte recht.«
Fanny spürte, wie ihr die Tränen aufstiegen. Seit dem Brief damals, den sie mit 15 Jahren von ihrem Vater erhalten hatte, hatte sie lernen müssen, den Lauf der Dinge dieser Welt zu akzeptieren: Als Frau aus gutem Hause und noch dazu jüdischer Herkunft würde sie sich nie von der Musik ernähren können.

Aber immer noch verletzte sie die Notwendigkeit, ihre Musik unter dem Namen ihres Bruders veröffentlichen zu müssen.
»Mach dir keine Sorgen«, beruhigte sie Felix. »Wenn mich jemand fragt, verspreche ich, zu sagen, dass das deine Lieder sind.«
Fanny nickte und atmete tief durch. Felix blickte auf die Wanduhr und beeilte sich, in den Garten zu gelangen. Er sollte das Konzert mit einem der Präludien von Bach eröffnen.
Fanny blickte auf die großen Fenster des Musikzimmers, als sie plötzlich gleich daneben das kindliche Gesicht eines ihr bekannten Mannes im Raum erkannte. Schmale Lippen hatte er. Sie ging hinüber.
»Herr Müller«, sagte sie erfreut und öffnete beiläufig das Fenster. »Haben Sie etwas für mich?«
Der junge Dichter nickte. »Ja, wieder von Wilhelm Hensel für Sie«, sagte er und übergab ihr zwei detaillierte Porträts einer schönen jungen Frau, deren Gesicht zart, die Augenbrauen dünn und deren Haare in einer Krone aus Blumen frisiert waren. Es vergingen ein paar Sekunden, bis sie verstand, dass sie das sein sollte, oder zumindest sie, wie sie aus Wilhelms Sicht aussah. Da ihre Familie gegen die Beziehung mit dem Maler war, der in Italien lebte, und ihr sogar verbot, mit ihm zu korrespondieren, war Müller die einzige Verbindung zwischen ihr und ihrem Geliebten. In eine Richtung wurden Zeichnungen geschickt, Kompositionen in die andere. Im Bruchteil einer Sekunde entschied sie, ihm das Buch mit den Liedern zu überreichen, das auf dem Tisch lag.
»Nummer zwei und drei sind von mir«, sagte sie. »Jetzt gehen Sie, bevor Mutter Sie sieht.«
Müller gehorchte sofort und hastete hinaus. Fannys Herz glühte in ihrer Brust. Sie liebte Wilhelm über alles, fürchtete sich aber vor dem Moment, an dem er aus Italien zurückkommen und ihr einen Heiratsantrag machen würde. Mit den vielen Pflichten einer Ehefrau, Mutter und Hausfrau – Pflichten, die ihre Mutter ihr bei jeder Gelegenheit, die sich bot, aufzählte –, wann würde sie dann noch Zeit zum Komponieren und Musizieren finden? Vielleicht war es wirklich besser, die Musikstücke nicht unter ihrem eigenen Namen zu veröffentlichen, dachte sie, ihr Name würde sich mit der Heirat sowieso bald ändern.

Was passierte drumherum?

Die Unruhen in Europa durch die Napoleonischen Kriege wurden zum Wendepunkt für die Jüdinnen und Juden Berlins. Die spätere Niederlage der französischen Streitkräfte zerschmetterte die Hoffnungen der Juden auf Gleichberechtigung, die sie sich aufgrund der Prinzipien der Revolution gemacht hatten. Und die Bedrohung, die die Franzosen darstellten, führte zu einem großen Misstrauen gegenüber neuen Ideen. Wohlhabende jüdische Familien, die sich nur wenige Jahre zuvor an die wirtschaftliche und kulturelle Elite angepasst hatten, mussten einsehen, dass es keinen Grund gab, auf eine Veränderung zu warten, die nicht kommen würde.

Fanny Mendelssohn

Ohne es an die große Glocke zu hängen und manchmal sogar vollends im Geheimen, traten die meisten wohlhabenden Jüdinnen und Juden in Berlin zum christlichen Glauben über. Sie wollten ihre Gemeinde mit dem Übertritt nicht vor den Kopf stoßen, hofften dabei aber, dass dies ihre Eintrittskarte in die höhere Gesellschaft werden würde. Das klappte aber nicht immer: Im August 1819, als in Süddeutschland Aufstände gegen Juden ausbrachen, wurde auch Felix Mendelssohn, der zu diesem Zeitpunkt bereits Christ war, auf offener Straße von einem Adligen als »Judenjunge« bezeichnet – der junge Mendelssohn hatte nicht damit gerechnet, diese derbe antijüdische Beschimpfung an den Kopf geworfen zu bekommen.

Der Wunsch, nach der Niederlage Napoleons Ruhe und Frieden zu bewahren, veränderte auch das kulturelle Leben. Statt wie vorher leidenschaftlich über Literatur, Philosophie und Politik zu sprechen, trafen sich Dichter und Leute der Gesellschaft auf feinen Gartenpartys und priesen jetzt das Heim, die Familienwerte und die Heimat. Die Musik und die Kunst blühten in Berlin auf, aber der temporäre Sieg der alten Werte in der höheren Gesellschaft stellte gerade für Frauen aus gutem Haus, die sich nicht mit ihrer traditionellen Rolle zufriedengeben wollten und die danach trachteten, selbst an der künstlerischen Welt teilzunehmen, eine riesige Hürde dar.

In diesem Sinne wurde der gesellschaftliche Status, den Abraham Mendelssohn seiner Tochter vererbte, zu ihrem Verhängnis: »Wenn sie aus einem armen

Haus käme«, schrieb der englische Kritiker Henry Chorley, ein Bekannter der Familie, über sie, »wäre Frau Mendelssohn vielleicht als Pianistin ersten Ranges berühmt geworden, so wie Frau Schumann[2] oder Frau Pleyel[3].«

Und was passierte danach?

Wilhelm Hensel, Fannys geliebter Maler, kam aus Italien zurück, als sie 23 Jahre alt war, und heiratete sie ein Jahr später. Aufgrund seiner künstlerischen Neigungen hatte ihr Ehemann großes Verständnis für ihre Ambitionen. Fannys Befürchtungen, den Freiraum für ihr künstlerisches Schaffen zu verlieren, bewahrheiteten sich daher nicht. In den ersten Jahren der Ehe reduzierte sich ihr Komponieren auf eine geringe Zahl von Melodien, die sie für die Gedichte ihres Mannes schrieb. Später aber verfasste sie wieder Musikstücke und leitete mit sicherer Hand die Tradition der Sonntagskonzerte im Familienhaus. Die Konzerte, die als bescheidene und intime Ereignisse begannen, zählten auf ihrem Höhepunkt 300 Gäste, unter ihnen die bekannten Komponisten Robert Schumann und Franz Liszt.

Während Fanny die Familientradition pflegte, schlug ihr Bruder eine noble musikalische Karriere ein. Im Jahr von Fannys Hochzeit (1829) schuf Felix Mendelssohn eine neue und spektakuläre Fassung der Matthäus-Passion von Johann Sebastian Bach und dirigierte eine mitreißende Aufführung des Werks in der Akademie für Gesang Carl-Friedrich Zelters – in Anwesenheit der gesamten Berliner Prominenz.

Oratorien und Symphonien, die Mendelssohn schrieb, wurden in Berlin, London und anderen Städten Europas aufgeführt. Er leitete ein Orchester in Düsseldorf und in Leipzig, wo er auch eine Hochschule für Musik gründete. Unter anderem hatte Mendelssohn die Ehre, die englische Königin Victoria zu treffen. Sie bat ihn darum, ihr »Italia« vorzusingen, ihr Lieblingslied unter all seinen Werken. Nach der Aufführung musste Felix sein Fanny gegebenes Versprechen halten und gab verlegen zu, dass nicht er, sondern seine Schwester das Lied geschrieben hatte.

Dieser Schwester war es leider nicht vergönnt, einer wirklichen Karriere als Pianistin oder als Komponistin nachzugehen. Außer auf den familiären Konzerten trat Fanny Mendelssohn nur drei Mal in ihrem Leben auf. Aber in den 1840er-Jahren fingen die Zeiten an, sich zu ändern. Die deutschspra-

[2] Clara Josephine Schumann, geb. Wieck (* 13. September 1819 in Leipzig; † 20. Mai 1896) war eine deutsche Pianistin, Komponistin, Klavierpädagogin und Herausgeberin. Sie war von 1840 bis zu dessen Tod 1856 die Ehefrau Robert Schumanns.

[3] Marie (Camille, Camilla) Félicité Denise Pleyel, geb. Moke (* 14. September 1811 in Paris; † 30. März 1875) war eine französisch-belgische Pianistin, Komponistin sowie Klavierpädagogin.

chige Welt begann, sich aus ihrem geistigen Stillstand zu befreien. 1846, mit der aktiven Unterstützung ihres Mannes und ohne die Meinung ihres Bruders einzuholen, veröffentlichte Fanny unter ihrem neuen Namen, Fanny Hensel, eine Liedersammlung, die sie im Laufe der Jahre komponiert hatte. Dies hätte der Beginn einer wunderbaren Karriere sein können, wäre Fanny nicht ein Jahr später an einem Schlaganfall gestorben – im Alter von nur 42 Jahren.

Fanny Mendelssohn

Wilhelm Hensel

Abraham Mendelssohn-Bartholdy

Mendelssohn-Remise, Jägerstraße 51. An dieser Stelle war Fanny Mendelssohns erstes Zuhause in Berlin, wo Abraham Mendelssohns Geburtstagsfeier stattfand.

Gendarmenmarkt; links ist die Neue Kirche (Jerusalemkirche), in der die Mendelssohns getauft wurden.

Maxim-Gorki-Theater,
die ehemalige Singakademie

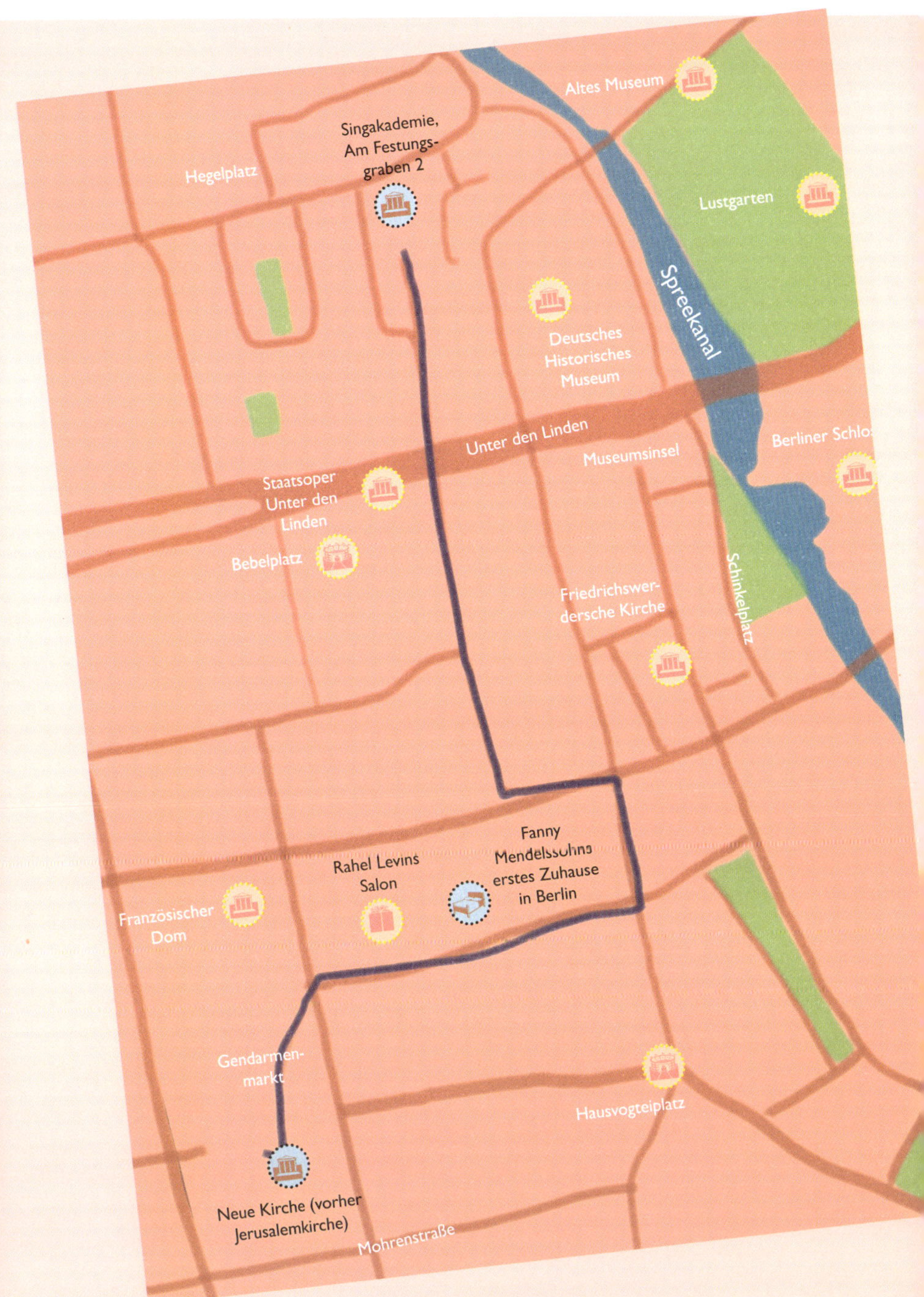

AUF DEN SPUREN VON **FANNY MENDELSSOHN**

Ferdinand Lassalle

Personalausweis

Name: **Ferdinand Lassalle**
Geburtsdatum: 11. April 1825
Geburtsort: Breslau, Schlesien (heute Wrocław, Polen)
Adressen: Friedrich-Wilhelm-Universität, heute Humboldt-Universität zu Berlin (Studium); Unter den Linden in Berlin-Mitte (Wohnung), dann nach 1853 zuerst in der Potsdamer Straße/ Ecke Eichhornstraße, danach von 1859 bis 1863 in der Bellevuestraße 13, Hochparterre (Wohnungen) in Berlin-Tiergarten
Bekannt für: Gründung einer sozialistischen Vereinigung, die die Revolutionäre von 1848 in Berlin und Düsseldorf inspirierte
In welchem Alter? Im Alter von 19 bis 23 Jahren
Und was noch? Seit seinem 21. Lebensjahr führte er einen jahrelangen juristischen Kampf, in dem er der Gräfin Sophie Hatzfeld half, die von ihrem Mann ihres gesamten Eigentums beraubt worden war. In diesem Kampf musste er sich mit dem korrupten juristischen System in Düsseldorf auseinandersetzen.
Spuren in Berlin heute: Lassallestraße in Berlin-Kaulsdorf und in Berlin-Rahnsdorf

Stephan Born

Personalausweis

Name: Stephan Born, geboren als Simon Buttermilch
Geburtsdatum: 18. Dezember 1824
Geburtsort: Lissa im Bezirk Posen (heute Leszno in Polen)
Adressen: Unbekannt
Bekannt für: Maßgeblich beteiligt an der Gründung des »Zentralkomitees der Arbeiter«, dessen Präsident er wurde, und der Verbreitung von Broschüren, die zur Besserstellung der Druckereiarbeiter und zur Revolution von 1848 aufriefen. Herausgeber von *Das Volk*; Chefredakteur von *Die Verbrüderung*.
In welchem Alter? Im Alter von 20 bis 24 Jahren
Und was noch? Gründer der »Allgemeinen Deutschen Arbeiterverbrüderung«
Spuren in Berlin heute:
Stephan-Born-Straße in Berlin-Hellersdorf

Alexander und Moritz Goldmann

Personalausweis

Name: Alexander und Moritz Goldmann
Geburtsdatum: 1827, 1830
Geburtsorte: Berlin
Adresse: Potsdam; Jüdischer Friedhof Schönhauser Allee (Gräber Alexander und Moritz G.) in Berlin-Prenzlauer Berg
Bekannt für: Opferten ihr Leben für den Sieg der Demokratie im März 1848.
In welchem Alter? Im Alter von 18 und 21 Jahren
Spuren in Berlin heute: Keine

Gewitter der Freiheit

12. Juni 1844

Zur sonnigen Mittagszeit an einem Dienstag im Juni bahnte sich Ferdinand Lassalle seinen Weg durch die Menschenmenge am Platz des Opernhauses. Er hatte nur noch 20 Minuten, um zum Postamt zu gelangen und den langen Brief abzuschicken, den er an seinen Vater geschrieben hatte. Dann musste der blasse junge Mann wieder rechtzeitig zu seiner Unterrichtsstunde der Logik und Mathematik mit Professor Gabler erscheinen. Aber trotz seiner Eile zog einer der Anwesenden auf dem Platz die Aufmerksamkeit des Geschichts- und Philosophiestudenten auf sich. Ferdinand hielt an und schaute auf das Tun des jungen Mannes. Er war kein Student, sondern sah eher wie ein Arbeiter aus. Seine Hände waren mit schwarzen Flecken bedeckt, ein schwarzer, wilder Bart umrahmte sein Gesicht und er trug einfache Arbeiterkleidung – anders als das elegante Oberhemd, für das Ferdinand ein Vermögen ausgegeben hatte. Aber anstatt sich mit einer Bratwurst zum Mittagessen hinzusetzen, hielt er einen Packen gedruckter Broschüren in seinen Händen, die er begeistert an Vorübergehende verteilte.

»Nimm und lies!«, rief der junge Mann und steckte ihm eine engbedruckte Broschüre zu. Die Überschrift lautete »Rettet die Drucker«. Ferdinand steckte die Broschüre schnell in seine Tasche: Er würde sie später lesen. Jetzt aber musste er sich beeilen und tippte dem jungen Arbeiter auf die Schulter, der sich bereits weiter in Richtung Königlicher Bücherei bewegte.
»Entschuldigung«, fragte er, »wer hat diese Broschüre geschrieben?«
»Ich«, erwiderte ihm der junge Mann voller Stolz. »Mein Name ist Stephan, Stephan Born, ich bin Schriftsetzer.«
Ferdinand streckte ihm seine Hand hin: »Ferdinand, Ferdinand Lassalle. Sehr erfreut. Und in wessen Auftrag verteilst du sie?«, fragte er weiter. Stephan

* Im Text orange gekennzeichnete Begriffe werden im Glossar erklärt.

musterte den dandyhaft Gekleideten jetzt verächtlich und zeigte auf den Stempelabdruck am unteren Ende des Blattes.
»Berliner Handwerkerverein«, las Ferdinand. »Ich wusste nicht, dass es so etwas gibt.«
Stephan deutete verächtlich in Richtung des Prinz-Heinrich-Palais, dem Hauptgebäude der Universität. »Würden Sie und Ihre Freunde aufhören, in lateinischen Manuskripten zu stöbern, und stattdessen mal hinaus auf die Straßen der Stadt ziehen, würden Sie das vielleicht wissen.«

Stephan wandte Ferdinand den Rücken zu und ging weiter. Dieser versank in Scham. Gleichzeitig wusste er, dass Stephan ihm für den Brief an seinen Vater, der in seiner Hemdentasche steckte und darauf brannte, abgeschickt zu werden, Anerkennung zollen würde.
»Warte einen Moment!«, rief Ferdinand ihm nach. »Hast du vom **Schlesischen Weberaufstand** gehört?«
Stephan drehte sich sofort um und blickte in der Tat voll überraschender Anerkennung auf den jungen Mann mit den braunen, lockigen Haaren.
»Ich komme aus Breslau«, erklärte Ferdinand, »und bin Mitglied der **sozialistischen** Vereinigung der Fakultät. Wir waren inmitten einer Lesung von Engels, als uns die Nachricht vom Aufstand erreichte.«
Stephans Gesicht füllte sich mit Sorge. »Ich hoffe, dass du dort keine Freunde hast. Zwar gibt der König an, sich für die hungernden Weber zu interessieren, aber hauptsächlich hat er vor den **Kommunisten** Angst. Jetzt, wo die Aufstände abebben, werden dort alle festgenommen.«
Ferdinand bemerkte das Mitgefühl des Druckereiarbeiters. Er wollte ihm zeigen, dass er trotz seiner edlen Kleidung auf derselben Seite stand und ebenfalls Teil dieser Revolution war. Spontan zog er den Brief aus der Tasche, öffnete den Umschlag und begann, zum Erstaunen der Vorübergehenden am Platz, mit lauter Stimme und etwas geschwollen vorzulesen: »Hört ihr's gewittern am Horizont? Fürchtet euch nicht, es wird diesmal vorübergehen und noch einmal vorübergehen – aber dann wird's einschlagen –, gerissen ist die Zeit aus den Gelenken. Wohl mir, dass ich geboren bin, sie wieder einzurenken.[4]«

[4] Das ist ein Zitat aus Lassalles Brief an seinen Vater. Im letzten Satz spielt Lassalle auf ein bekanntes Zitat aus dem ersten Akt von Hamlet an (er ahnt nicht, dass der Drucker nicht unbedingt mit dem Stück vertraut ist). Das Originalzitat (übersetzt von August Wilhelm von Schlegel) lautet: »Die Zeit ist aus ihren Fugen gekommen; o! unseliger Zufall! daß ich gebohren werden mußte, sie wieder zurecht zu sezen!«

»Vorsicht!«, rief Stephan, fasste Ferdinands Hand und rettete ihn so in letzter Sekunde vor der geschmückten Kutsche mit dem Rittersymbol. Diese raste mit hoher Geschwindigkeit auf das Opernhaus zu und spritzte Schlamm auf Kleidung und Brief.
»Ohne mich würdest du gar nichts mehr einrenken«, sagte er lakonisch.
»Danke«, keuchte Ferdinand gerührt.
»Glaubst du wirklich, dass das geschieht?«, fragte Stephan und prüfte frustriert die Broschüren, die jetzt mit Schlamm bedeckt waren. Ferdinand säuberte sein Gesicht mit einem Taschentuch.
»Das wird geschehen, wenn wir alle vereinigt sind«, sagte er. »Jüdische Studenten, katholische Weber, protestantische Druckereiarbeiter, alle. Wir sind die Mehrheit, wir sind das Volk, und sie …«, er zeigte auf die sich entfernende Kutsche, »sie sind die Vergangenheit, die den Weg räumen müssen.«

18. März 1848 - Auf die Barrikaden

Stephan Born schnaufte. Er war am Brandenburger Tor aus der Kutsche ausgestiegen, mit der er aus Hannover angereist war. Um rechtzeitig zu Beginn der großen Demonstration anzukommen, hatte er den ganzen Weg Unter den Linden entlangeilen müssen – um erst dann festzustellen, dass die Demonstration nicht im Lustgarten stattfand, sondern auf dem gepflasterten Platz auf der anderen Seite des Schlosses. Als er dort ankam, merkte er sofort, dass er zu spät war: Eine große Menschenmasse war auf dem Platz versammelt, und es ertönten Freudenrufe und Beifall. »Ein Hoch auf die Demokratie!«, rief die Menge. »Sieg den Arbeitern!« Aus den Satzteilen entnahm er, dass der König eine Stunde zuvor, vom Balkon des Schlosses, eine Rede gehalten hatte. Er war auf alle Forderungen der Aufständischen eingegangen und würde ein demokratisches Parlament sowie eine schnellstmögliche Vereinigung Preußens mit dem Deutschen Bund ausrufen.

»Das war fantastisch«, beschrieb es ihm aufgeregt ein Junge mit dreckigem Hemd, der in seiner Hand eine zerknitterte Broschüre hielt. »Als er heraustrat, haben alle ihre Hüte in die Luft geworfen und ihm Respekt entgegengebracht. Er ist schließlich der König.« Stephan dachte bei sich, dass in Paris, wo er im letzten Jahr für eine kurze Zeit gewesen war, dem König der Kopf

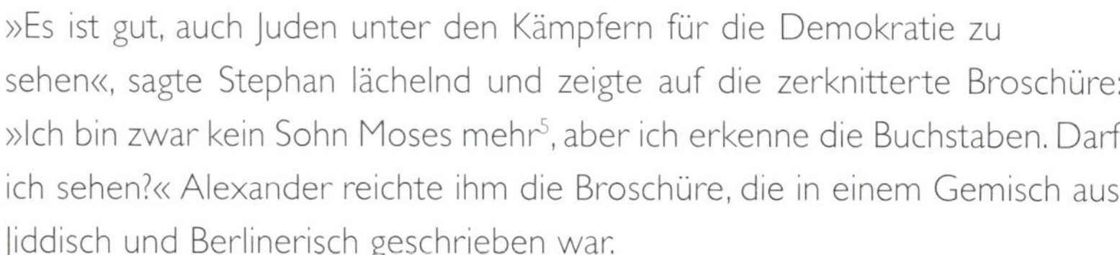

Ferdinand Lassalle

abgetrennt wurde, während die Menschen in Berlin ihre Hüte respektvoll abnahmen und aufpassten, nicht auf den Rasen des königlichen Parks zu treten.

»Eine höfliche Revolution«, sagte Stephan letztendlich, aber sein Gesprächspartner verstand die Ironie nicht.

»Alexander Goldmann«, stellte sich dieser stattdessen vor. »Ich bin Anstreicher.«

»Es ist gut, auch Juden unter den Kämpfern für die Demokratie zu sehen«, sagte Stephan lächelnd und zeigte auf die zerknitterte Broschüre: »Ich bin zwar kein Sohn Moses mehr[5], aber ich erkenne die Buchstaben. Darf ich sehen?« Alexander reichte ihm die Broschüre, die in einem Gemisch aus Jiddisch und Berlinerisch geschrieben war.

»Ein junger Mann namens Hersch schreibt und vertreibt sie«, sagte er. Stephan versuchte die Broschüre zu lesen, aber bevor er dazu kam, hörte man plötzlich eine laute Explosion und danach noch eine.

»Man schießt auf uns!«, schrie Alexander. »Seht!«

Stephan verfolgte mit seinen Augen die Richtung, in die der Anstreicher deutete und erblickte die Wachkavallerie, wie sie aus den Toren der königlichen Ställe hinaus in die Menschenmenge galoppierte.

»Zerstreut euch!« rief jemand, und die Anwesenden flüchteten in alle Richtungen. Stephan musste mitansehen, wie ein Reiter mit einem Knüppel auf Alexanders Kopf einschlug und ihn zu Boden warf. Entsetzt flüchtete er in eine der anliegenden Straßen. Als er am Ende der Jägerstraße endlich anhielt, sah er eine Gruppe von Demonstranten eine Barrikade aus Gemüseständen, Kutschenteilen und Möbeln aufbauen.

»Da sind Sie ja!«, rief einer von ihnen Stephan entgegen. »Moritz Goldmann mein Name. Sie haben mit meinem Bruder wenige Sekunden vor dem Beginn der Schießerei gesprochen. Wissen Sie, was mit ihm geschehen ist?«

Stephan kletterte auf die provisorische Barrikade. Mit leiser Stimme berichtete er Moritz vom brutalen Angriff auf seinen Bruder, der ihn schwer verletzt hinterlassen hatte. Moritz vergrub das Gesicht in seinen Händen und weinte lautlos.

Ein blonder junger Kamerad, der ein großes Kreuz um den Hals trug, legte mitfühlend seine Hand auf Moritz' Schulter. Dann wandte er sich dem Himmel zu und schrie plötzlich »Rache!«. Er kletterte auf die Barrikade und

[5] Er ist kein Jude mehr, meint Born damit.

schwang dabei einen roten Ziegelstein, der aus einer der Wände in der Umgebung herausgebrochen war. Zu Goldmann gewandt sagte der Kamerad laut:
»Hier auf den Barrikaden gibt es keine Christen oder Juden. Hier sind wir alle Brüder, alle Deutsche.«
Geräusche der Schießerei ertönten aus der Ferne. Bald würde der Kampf weitergehen. Stephan schloss die Augen und fragte sich, was aus dem jüdischen Studenten geworden war, den er nicht weit von hier vor vier Jahren getroffen hatte. »Hörst du, Ferdinand? Das Donnern ist da und die Zeit vergangen, genau wie du gesagt hast«, dachte er. Er hob einen Ziegel auf und hielt ihn hoch in der Luft. Nach dem Kampf, dachte er, wird alles neu, bestimmt.

22. März 1848

Die Straßen rund um den Gendarmenmarkt waren voller Menschen, und Stephan Born hatte Mühe, sich seinen Weg zum Platz zu bahnen. Beim Anblick der Menschenmassen in ihren Sonntagskleidern und mit den schwarz -rot-goldenen Fahnen konnte man meinen, die Stadt würde sich freuen – wären da nicht die Spuren der zerstörten Häuser und Schaufenster, die die Auseinandersetzungen hinterlassen hatten. Stephan beschleunigte seinen Schritt. In den letzten Tagen hatte er sich damit beschäftigt, seinen Handwerkerverein wieder aufzubauen, und dabei fast versäumt, sich von seinem Schreibtisch zu erheben, um seine gefallenen Kameraden zu ehren. Als er den Platz erreichte, hoben die Anwesenden bereits die Särge auf ihre Schultern und trugen sie in Richtung Unter den Linden. »Hilfst du mit?«, hörte er plötzlich eine vertraute Stimme fragen. Es war der blonde Junge, der Seite an Seite mit ihm auf den Barrikaden gekämpft hatte. Stephan nickte und gesellte sich zu dem Kameraden unter einen der Särge. Ein paar lange Minuten gingen sie schweigend, den Sarg tragend nebeneinander her, bis Stephan es nicht mehr aushielt. »Ist Goldmann hier?«, erkundigte er sich behutsam. In den letzten zwei Tagen hatte er vergeblich versucht, seine Waffenbrüder ausfindig zu machen. »Nein«, antwortete der Junge und fügte mit einer Stimme voller Traurigkeit hinzu: »Die Brüder Goldmann wurden auf den jüdischen Friedhof gebracht.«

Stephan Born

Stephan suchte nach Worten, um seinen Freund zu trösten, aber bevor er etwas sagen konnte, brach vor ihm ein großer Tumult aus. Stephan blickte auf und sah den König und alle seine Minister schweigend vor dem Stadtpalast stehen, alle in Schwarz gekleidet. Aufgeregt wie er war, brauchte er einige Augenblicke, um zu begreifen, was an der Situation so merkwürdig war: Der König hatte seine Krone im Palast gelassen und stand mit unbedecktem Kopf vor den Särgen, um den Toten die letzte Ehre zu erweisen. »Sie sind die Vergangenheit, die den Weg räumen müssen«, erinnerte er sich plötzlich an die Worte von Ferdinand Lassalle, dem jüdischen Studenten, den er vor vier Jahren kennengelernt hatte. Lassalle war, wie Stephan herausgefunden hatte, inzwischen nach Düsseldorf gezogen, aber das, was er gesagt hatte, nahm nun vor aller Augen Gestalt an.

Wer hätte geglaubt, dass der König vor den Arbeitern den Hut ziehen würde, wo es doch noch vor wenigen Tagen genau umgekehrt war? Es geht voran, dachte er, und es muss weitergehen. Wir können jetzt nicht aufhören.
»Sag mal«, fragte er den blonden Kameraden, »für wen arbeitest du?«
»Ich? Ich bin Hilfsmechaniker bei den Borsig-Werken.«
»Nun, möchtest du mir und dem Handwerkerverein vielleicht helfen, dort nächsten Monat einen Streik zu organisieren? Dann schlag ein.«
Die beiden jungen Männer schüttelten sich unter dem Sarg die Hände und gingen weiter.

Was passierte drumherum?

Während Stephan Born und die Brüder Goldmann in Berlin kämpften, befand sich Ferdinand Lassalle in Düsseldorf. Dort war er Mitglied des Kommunistischen Bundes geworden, der von Marx und Engels gegründet worden war. Er schrieb Artikel für die *Neue Rheinische Zeitung*, ein revolutionäres Blatt, und organisierte die aufständischen Kräfte der Stadt. Im November gleichen Jahres schrieb er einen Artikel, in dem er die Bürger Düsseldorfs dazu aufrief, Waffen zu horten und sich auf den Kampf vorzubereiten. Dies führte zu seiner Verhaftung, sodass er nicht bei den revolutionären Aufständen der Stadt mitmachen konnte, die er selbst organisiert hatte.

Die Aufstände in Berlin und Düsseldorf waren nur ein kleiner Teil der enormen revolutionären Wellen, die Europa in den Jahren 1848/49 überspülten. Diese Periode der Kämpfe um die Freiheit und nationale Einheit in allen europäischen Staaten wird auch »Frühling der Völker« genannt. Die Völkeraufstände, die im Februar 1848 in Frankreich begannen, nahmen in den verschiedenen Teilen des Kontinents unterschiedliche Gestalt an. Meistens allerdings forderten die Demonstranten Freiheit von den tyrannischen Königen und ihrer willkürlichen Herrschaft, die Errichtung eines demokratischen Parlaments sowie Gleichheit aller Bürger vor dem Gesetz. In allen deutschsprachigen Ländern kamen auch Forderungen nach Trennung von Religion und Staat sowie nach einer Vereinigung aller kleinen Königreiche zu einem Staat hinzu.

Während der Aufstände arbeiteten Studenten, Bürger und Arbeiter Seite an Seite zusammen. In den Zeitschriften der jüdischen Gemeinden wurden Aufrufe veröffentlicht, man solle aufwachen und das Schicksal in die eigene Hand nehmen. Viele Jüdinnen und Juden reagierten enthusiastisch darauf. Die Broschüre, die Stephan Born 1848 in den Händen von Alexander Goldmann sah, war eine von vielen, die der jüdische Verleger Samuel Löwenherz unter dem Pseudonym Isaak Moses Hersch herausgab. Und so befanden sich unter den 270 Gefallenen der Aufstände im März 1848 in Berlin mindestens acht Juden.

Zu Ehren der Toten gab es eine offizielle Trauerzeremonie in der deutschen Kirche am Gendarmenmarkt. Ein katholischer Priester, ein evangelischer Pastor und ein jüdischer Rabbiner nahmen daran teil. Danach wurden die »Märzgefallenen«, wie sie genannt wurden, in einem Massengrab auf dem Lindenberg (heute im Volkspark Friedrichshain) beigesetzt – mit Ausnahme einiger jüdischer Toter, unter ihnen die Gebrüder Goldmann, die auf dem jüdischen Friedhof in der Schönhauser Allee beigesetzt wurden.

Ferdinand Lassalle

Und was passierte danach?

Während des größten Teils des Jahres 1848 sah es so aus, als hätte die Revolution ihr Hauptziel erreicht – die Einrichtung einer gewählten Nationalversammlung, die am 18. Mai in der Frankfurter Paulskirche zusammentrat. Nach den Aufständen konnten zwar in vereinzelten deutschen Ländern Vertreter der Aufständischen eine liberalere Gesetzesverfassung verabschieden (die in einigen Fällen Jüdinnen und Juden die gleichen Rechte zugestand), aber das Frankfurter Parlament verhedderte sich bald in endlose Diskussionen und schaffte es nicht, die Idee eines vereinigten Deutschen Reiches durchzusetzen. Schnell stellte sich das höfliche Vorgehen der Aufständischen als schwerer Fehler heraus, denn es hatte viel Macht in den Händen der alten Herrscher gelassen: Die deutschen und europäischen Königshäuser schafften es bald, ihren Einfluss auf die Bürgerinnen und Bürger zurückzugewinnen, indem sie die moderaten Demonstranten durch Einhaltung bestimmter Reformen zufriedenstellten, andererseits aber gegen die radikalen Führer – die kommunistischen Köpfe der Aufstände – mit starker Hand vorgingen. Viele Errungenschaften der Revolution wurden so rückgängig gemacht.

Einer der Anführer, die das Land verlassen mussten, war Stephan Born, der nach der Feuertaufe in Berlin auch die Aufstände in Dresden und Baden-Baden geleitet hatte. Er musste im Jahre 1849 in die Schweiz emigrieren. Dort arbeitete er als Lehrer, Dozent und Herausgeber einer Zeitung und kehrte niemals zur Arbeiterbewegung zurück.
Trotz allem konnte man den »rollenden Donner« nicht mehr aufhalten, genau wie Ferdinand Lassalle es vorausgesehen hatte: In den nächsten Jahren mussten die Könige den Untertanen größere Freiheiten einräumen und die Rechte der Parlamentswahlen erweitern. Dieser Prozess erreichte seinen

Höhepunkt (wenn auch nicht so, wie die Kommunisten es geplant hatten) im Jahr 1871, als sich die verschiedenen deutschen Königreiche zu einem Reich mit einem demokratischen Parlament vereinigten. Lassalle selbst, der nicht emigrieren musste, da er zur Zeit des Aufstandes im Gefängnis gesessen hatte und sich nicht aktiv beteiligt hatte, kehrte nach und nach zu

Berliner Barrikaden

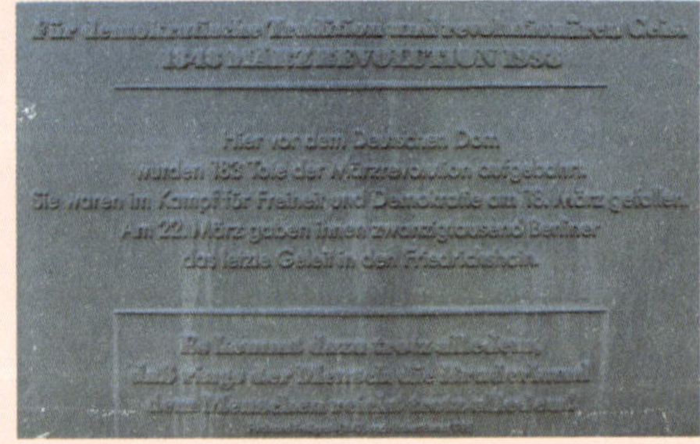

Gedenktafel am Gendarmenmarkt zur Märzrevolution

seinen öffentlichen und politischen Aktivitäten zurück. Im Jahre 1863, nach unzähligen Anfragen seiner Freunde in der Bewegung, entschloss er sich, die Führung einer neuen Partei anzunehmen: des Allgemeinen Deutschen Arbeitervereins, aus dem später die Deutsche Sozialdemokratische Partei hervorging, die heutige SPD.

Ferdinand Lassalle in jungen Jahren (links) und später

Stephan Born

Friedrich-Wilhelm-Universität, um 1850, heute Humboldt-Universität.

Opernplatz zur damaligen Zeit

Aufbahrung der Märzgefallenen (Adolf Menzel)- Dieses Gemälde zeigt die Trauerzeremonie am Gendarmenmarkt für die Opfer des Aufstands von 1848.

AUF DEN SPUREN DER **REBELLEN VON 1848**

Adolf Jandorf

Personalausweis

Name: **Adolf Jandorf**
Geburtsdatum: 7. September 1870
Geburtsort: Hengstfeld/Baden-Württemberg
Adressen: Spittelmarkt/Ecke Leipziger Straße (Wohnung und erstes Kaufhaus) in Berlin-Mitte; KaDeWe, Tauentzienstraße (Arbeit) in Berlin-Schöneberg; Jüdischer Friedhof Weißensee (Grab) in Berlin-Weißensee
Bekannt für: Aufbau eines erfolgreichen Unternehmens für den Verkauf von Textilartikeln; Vermarktung eines bestickten Kissens, das zu einem Verkaufsschlager wurde und bald in jedem Haushalt zu finden war
In welchem Alter? Im Alter von 22 Jahren
Und was noch? 1907 Gründer des bekanntesten Warenhauses in Berlin, des »Kaufhaus des Westens« (KaDeWe)
Spuren in Berlin heute: KaDeWe, Tauentzienstraße/Wittenbergplatz in Berlin-Schöneberg; ehemaliges Warenhaus Jandorf am Weinberg, Ecke Brunnenstraße/Veteranenstraße in Berlin-Mitte

Der junge Unverschämte aus Hamburg

Schawuot 1892

»Frohe Feiertage, Herr Mannheimer!« Der junge Mann mit den Locken und dem ausgefallenen Schnurrbart, der Alfred Mannheimer am Eingang von dessen Familienmodegeschäft anhielt, sah nicht besonders fromm aus. Seine Kleidung war sehr modisch, seine Augen leuchteten schelmisch und er trug einen großen schwarzen Koffer in seinen Händen. Aber indem er Herrn Mannheimer, den Eigentümer des Bekleidungsladens, zum Feiertag **Schawuot** grüßte, ließ er erkennen, dass auch er jüdisch war. Alfred Mannheimer wusste aus Erfahrung, dass er gleich um Arbeit gefragt werden würde, und er bereitete sich innerlich darauf vor, dem Burschen eine höfliche Absage zu erteilen. Aber der junge Mann überraschte ihn.

»Jandorf. Adolf Jandorf«, holte dieser zu einem Handschlag wie ein erfahrener Geschäftsmann aus. »Ich bin aus Hamburg gekommen und möchte Ihnen etwas vorschlagen, das Ihr Geschäft stark verbessern kann.«
Mannheimer zögerte.
»Sie sind früher vom Restaurant zurückgekommen, weil Ihr Termin abgesagt wurde«, fuhr Adolf schnell fort. »Ich weiß, dass Sie mindestens eine halbe Stunde Zeit haben.«
Während der ganzen Woche hatte er einige Jungen beauftragt, die Mannheimer-Brüder zu beobachten und ihn zu verständigen, falls sich bei einem von ihnen eine freie Stunde ergeben sollte. Ihr elegantes Warenhaus auf der Oberwallstraße war das zweitwichtigste in der ganzen Gegend. Falls er an sie verkaufen könnte, würde sich auch das Haute-Couture-Kaufhaus Gerson für seine Produkte interessieren.
»Ich respektiere Ihre Initiative«, sagte Mannheimer schließlich und lud den jungen Mann in sein Büro ein. Adolf lächelte. Das war die Reaktion, auf die

er aus gewesen war, diese Reaktion von älteren Geschäftsleuten, an die er sich seit seiner Rückkehr aus New York zwei Jahre zuvor gewöhnt hatte. Sie mochten sein dynamisches, zupackendes Auftreten. Dort, in dieser rasanten Stadt, hatte er die Fähigkeit entwickelt, flink zu denken und sich neuen Situationen schnell anzupassen – genau dieses Können hatte ihn so weit gebracht. Noch während Alfred Mannheimer ihn in seinem edlen Warenhaus herumführte und die Namen der großen Modeschöpfer aus London und Paris fielen, erinnerte sich Adolf Jandorf an diesen entscheidenden verregneten Nachmittag, an dem er ein Eiltelegramm von seinem Vorgesetzten Herrn Fraustäter erhalten hatte. Dieser hatte ihn schnellstens nach Hamburg befohlen. Nachdem er vom Bahnhof abgeholt worden war, hatte Fraustäter ihm erzählt, dass er am nächsten Tag zu einem Gespräch mit Herrn Emden, dem Direktor der Firma, eingeladen sei. Der Grund sei, dass eine Filiale der Textilfirma in Berlin eröffnet werden sollte. Das war eine Gelegenheit, die sich so schnell nicht noch einmal bieten würde und Jandorf verbrachte die ganze folgende Nacht im Café, um seine nächsten Schritte vorzubereiten. Am nächsten Morgen ging er ins Hotel, nur um sich zu duschen und zu rasieren, und erschien um Punkt neun Uhr beim Chef. Emden war guter Laune und erklärte seinem Mitarbeiter, dass die Firma Überschüsse im Wert von 500 Goldmark habe, welche er in einen Laden in Berlin zu investieren gedenke. »Sie kennen Berlin, nicht wahr?«, fragte er und Adolf antwortete, ohne jemals dort gewesen zu sein: »Berlin? Wie meine Westentasche.«

Und so fand er sich sechs Wochen später in Berlin mit dem Auftrag, ein Geschäft mit einem der wichtigsten Männer dieser Branche abzuschließen. Mannheimer setzte sich auf den gepolsterten Stuhl und zündete sich eine Zigarre an. Adolf Jandorf schaute begierig darauf, wusste aber, dass die Zeit noch nicht gekommen war, selbst um eine zu bitten. Er hob den Koffer hoch, legte ihn auf den Tisch und öffnete ihn.

»Stellen Sie sich vor, wie Mannheimers Herrenmäntel mit diesen eleganten Knöpfen aussehen würden«, sagte er und deutete auf eines der Exemplare in dem Koffer. »Oder Damenjacken mit feiner Spitzenstickerei«, fuhr er fort. »Die Möglichkeiten sind unerschöpflich.«

Mannheimer legte seine Stirn in Falten. »Wen, sagten Sie, repräsentieren Sie?«, fragte er. Jandorf zog ein silbernes Döschen aus der Seitentasche seines Jacketts und holte eine seiner Visitenkarten hervor, die erst am vorigen Tag aus der Druckerei gekommen waren.

»A. Jandorf GmbH aus Hamburg, Großhandelsgesellschaft – Knöpfe, Schnallen und Reißverschlüsse«, las Mannheimer, nachdem er sich die Brille aufgesetzt hatte.

Jandorf nickte. Er wusste, dass Herr Emden alle Läden nach der Muttergesellschaft benannt haben wollte. Aber nachdem er sich Tag und Nacht dem Aufbau dieser Firma gewidmet hatte, konnte er sich nicht vorstellen, diese Firma unter einem anderen Namen zu führen als dem Seinigen. Aus dem Augenwinkel heraus ertappte er Mannheimer, wie dieser mit großem Interesse einen der Reißverschlüsse betrachtete, der in der hinteren Ecke des Koffers lag. Jandorf wusste sofort, was er zu tun hatte. Mit einer schnellen Bewegung blickte er auf die Uhr und schloss den Koffer.

»Es tut mir leid, ich habe in fünf Minuten einen Termin mit den Heller-Brüdern, aber wir eröffnen nächsten Montag um neun Uhr morgens am Spittelmarkt. Sie sind eingeladen, zu kommen und sich umzusehen.«

Adolf Jandorf

September 1892

»Mist, Mist, Mist!«, schimpfte Adolf Jandorf laut und zerknüllte eine offizielle Abmahnung vom Hauptsitz der Firma, die auf seinem Tisch lag. Er war sich bewusst, dass man ihn in den Ladenräumen hören konnte, aber im Moment betrat selbst in Berlin keine Kundschaft einen Laden mit dem Namensschild, auf dem »Hamburg« stand. Es war allgemein bekannt, dass in der Hansestadt zurzeit die Cholera wütete. Und zu allem Übel auch noch dieser Brief hier. Natürlich wusste er, was kommen würde: Obwohl Herr Emden zufrieden über die schönen Gewinne der letzten zwei Monate war, die der Pandemie vorausgegangen waren, schäumte er beim genaueren Blick in den Quartalsbericht jetzt vor Wut über den jungen unverschämten Mann, der es gewagt hatte, die Geschäfte unter seinem eigenen Namen zu führen.

»Ich erwarte sofortige Umbenennung bis Ende des Jahres«, forderte der Chef schriftlich und Adolf konnte ihm zur Besänftigung nicht einmal gute Gewinnzahlen zeigen.

Er musste sofort einen gepfefferten Antwortbrief diktieren, aber seine Sekretärin war noch immer nicht in der Firma eingetroffen. Ungeduldig ging er zum nahen Tisch, setzte sich vor die Schreibmaschine und fing an, mit einem Finger die Buchstabentasten zu suchen und einzutippen. Bei der dritten Zeile, genau als er »und wenn es Ihnen nicht passt, verlasse ich die Firma« tippte, stürzte endlich seine Schreibkraft herein, die er letzte Woche erst eingestellt hatte. Sie keuchte. »Es tut mir wirklich leid, Herr Jandorf«, sagte sie. »Ich bin einfach … nicht aufgewacht.«

Er stand auf und befahl ihr, sich zu setzen. Wenigstens denkt sie nicht, dass ich ansteckend bin, sinnierte er, wieder an die Cholera denkend.

»Sie wissen doch, wie es ist«, fuhr sie lächelnd fort, als sie ihren Platz einnahm, »manchmal macht man die Augen auf und das Kissen überredet einen, noch ein bisschen weiterzuschlafen.«

Adolf wusste nicht, »wie es war«. In den letzten drei Monaten hatte er vor lauter Arbeit weniger als vier Stunden nächtlich geschlafen, zusammengekrümmt auf einer Matratze, in einem der hinteren Räume des Ladens.

»Das Kissen überredet einen noch ein bisschen weiterzuschlafen?«, fragte er irritiert. Er ärgerte sich über die Unverfrorenheit dieser jungen Dame. Wenn er so etwas seinem Chef geantwortet hätte, wäre er in der Firma nie aufgestiegen. Aber plötzlich hielt er inne. Adolf Jandorf roch eine gute Geschäftsidee sofort.

»Legen Sie diesen Brief zur Seite«, befahl er. »Um den Herrn Emden kümmern wir uns später. Geben Sie jetzt eine Bestellung an unsere Zulieferer auf: Ich brauche 30.000 handbestickte Kissen.«

Die Frau verzog erstaunt ihr Gesicht. «Und was soll auf ihnen geschrieben stehen?«

»Nur ein Viertelstündchen«, sagte Adolf lächelnd.

Was passierte drumherum?

Adolf Jandorf

Jüdische Geschäftsleute spielten eine bedeutende Rolle in der Berliner Textilbranche, schon lange bevor der junge Adolf Jandorf nach Berlin kam. Die Mantelfirma von Alfred Mannheimer war bereits von dessen Vater Valentin im Jahr 1836 gegründet worden – dieser war zu diesem Zeitpunkt erst 21 Jahre alt. Das Geld für eine erste Investition gewannen Valentin und sein Bruder im Lotto.

Das Konfektionshaus, das von den Gebrüdern Mannheimer geleitet wurde und auch Filialen in Paris und London eröffnete, war aber nur das zweitwichtigste im jüdischen Modeviertel um den Hausvogteiplatz. Das erste auf diesem Gebiet war das Kaufhaus Gerson, das 1849 etwas weiter nördlich davon eröffnet worden war. Herman Gerson lieferte Haute Couture an das königliche Haus sowie an die Bürger Berlins. Das Geschäft, das er gegründet hatte, konzentrierte sich nicht nur auf die Produkte, sondern auch auf das Kauferlebnis, das sich durch die Umkleidekabinen, das Design und den zuvorkommenden Service auszeichnete. An der Seite anderer jüdischer Händler in der Gegend errichteten die Familien Mannheimer und Gerson das moderne Bekleidungskaufhaus – ein großes und luxuriöses Gebäude, in dem vorgefertigte Qualitätskleidung in großen Mengen und zu angemessenen Preisen verkauft wurde. Dies war eine ungeheure Innovation, denn bisher hatte es nur Maßkonfektion gegeben. Man war zum Schneider oder zur Schneiderin gegangen und hatte sich nach seinen individuellen Maßen etwas nähen lassen. Dies war finanziell für viele nicht erschwinglich gewesen, und so hatten sich ärmere Menschen nur einige Mal im Leben ein neues Kleidungsstück leisten können, oder sie trugen die abgelegten Mäntel, Kleider oder Jacketts der Wohlhabenderen auf. Diese »Revolution« der Bekleidungsindustrie in Form der Maßkonfektion erfolgte zum großen Teil durch jüdische Händler wie die Mannheimers und Gersons.

Die Geschäfte blühten zur Kaiserzeit auf, dem Zeitraum nach der Gründung des Deutschen Reichs im Jahr 1871, und erreichten einen Höhepunkt mit der Thronbesteigung Wilhelms II. im Jahr 1888. Die Gründung des Imperiums führte zu einer jahrelangen wirtschaftlichen Blütezeit und zur langersehnten Gleichberechtigung, die Jüdinnen und Juden seit den Zeiten Mendelssohns

* Im Text orange gekennzeichnete Begriffe werden im Glossar erklärt.

angestrebt hatten. Von jetzt an waren Juden berechtigt, sich in jeden Bereich der deutschen Gesellschaft zu integrieren – in die Akademie, die Regierung, die Industrie und sogar in die Aristokratie –, auch wenn bestimmte antisemitische Vorurteile ihnen immer noch Hindernisse in den Weg stellten.
Der Wohlstand und die Freiheit ermutigten jüdische Geschäftsleute, Firmen in den verschiedensten Bereichen zu gründen. Philipp Freudenberg, der die Firma von Gerson erbte, eröffnete 1891 eine neue wunderschöne Filiale. Emden schickte den jungen Adolf Jandorf nach Berlin, um eine Filiale zu eröffnen; und zwei andere Familien brachen aus dem Textil- und Modegewerbe aus und gründeten in Deutschland die ersten beiden modernen Warenhäuser, die ein breites Sortiment unter einem Dach anboten. Im Jahre 1890 eröffneten Georg und Hugo Wertheim das erste dieser Art am Moritzplatz, und zehn Jahre danach trat auch Hermann Tietz diesem Gewerbe bei und gründete die Warenhauskette Gebrüder Tietz, die später unter dem Namen Hertie bekannt wurde.

Und was passierte danach?

Das Wagnis Jandorfs hatte sich ausgezahlt: Der Drohbrief, den er an seinen Chef Emden geschickt hatte, überzeugte diesen davon, Jandorf das Geschäft weiterhin unter seinem eigenen Namen führen zu lassen. Das bestickte Kissen mit dem originellen Spruch wurde ein absoluter Hit und in den kommenden Jahren über eine Million Mal verkauft. Die Einnahmen ermöglichten es Jandorf, sich niederzulassen – er heiratete Margarete Hirschfeld und sie bekamen einen Sohn. Aber keinen Moment lang hörte er auf zu arbeiten, und als er 1898 ein großes Bekleidungsgeschäft im Stadtteil Kreuzberg eröffnete, war er in jede Kleinigkeit involviert, angefangen bei den Rechnungen bis hin zur Dekoration.

Dem Zeitgeist folgend verließ Jandorf aber dann den Großhandel. Das Geschäft, das er aufgebaut hatte und das mittlerweile eine Fläche von 300 Quadratmetern umfasste, wurde zum Volkswarenhaus umgewandelt. Seine Zielkundschaft wurde die bislang vernachlässigte Kaufkraft der Arbeiterklasse. Zwei Geschäfte verwandelten sich binnen kurzer Zeit zu einer Kette, und innerhalb weniger Jahre wandte sich Jandorf schon der nächsten Herausforderung zu – dem Aufbau eines besonderen und prestigeträchtigen Kaufhauses auf 24.000

Quadratmeter Warenfläche in Charlottenburg, einem der wohlhabenden Vororte des westlichen Berlins. Da der zukünftige Kundenstamm in diesem Fall nicht die Arbeiterklasse, sondern die herausgeputzte Elite der kaiserlichen Zeit sein sollte, ließ Jandorf davon ab, diesem neuen Projekt seinen eigenen Namen zu geben, und nannte es einfach »Kaufhaus des Westens«, oder abgekürzt »KaDeWe«. Dieses schöne und moderne Warenhaus wurde in kürzester Zeit zum Stadtgespräch und darüber hinaus verantwortlich für die Entwicklung des Kudamms und seiner Umgebung zum Handelszentrum im Westen Berlins.

Adolf Jandorf

Die wirtschaftliche Krise, die Deutschland nach dem ersten Weltkrieg traf, schmälerte die Profite, die die Warenhäuser machten, sodass sich die großen Firmen zusammenschließen mussten. 1926 verkaufte Jandorf alle seine Geschäfte an Oscar Tietz, den Neffen von Hermann Tietz. 1932 starb Jandorf. Einige Jahre später, nachdem die Nazis an die Macht gekommen waren, mussten Wertheim, Tietz und andere jüdische Kaufhauseigentümer ihre gesamten Geschäfte für einen Bruchteil des Wertes an Nicht-Juden verkaufen (dieser Raub wurde unter dem Namen »Arisierung« bekannt). Um den jüdischen Ursprung zu verschleiern, wurde die Kaufhauskette in Hertie umbenannt. Und so fand die Tradition des jüdischen Handels in Berlin ein Ende.

Adolf Jandorf und seine Familie

Das Konfektionshaus Gerson in Berlin

Das KaDeWe in der Tauentzienstraße

Das ehemalige Konfektionshaus Gebrüder Mannheimer in der Oberwallstraße ist heute ein Bürogebäude.

Grab von Adolf Jandorf auf dem Jüdischen Friedhof Weißensee

Denkzeichen Modezentrum Hausvogteiplatz

AUF DEN SPUREN VON **ADOLF JANDORF**

Johannes Holzmann

Personalausweis

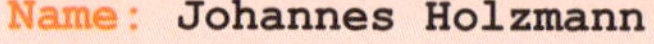

Name: **Johannes Holzmann**
Geburtsdatum: 30. Oktober 1882
Geburtsort: Tuchel, Pommern, heute Tuchola, Polen
Adresse: Nördliches Berlin-Mitte (Wohnung), Jüdischer Friedhof Weißensee in Berlin-Weißensee (Grab)
Bekannt für: Schrieb eines der ersten Manifeste, die dazu aufriefen, Homosexualität anzuerkennen, und gründete die anarchistische, wegweisende Zeitschrift *Kampf*.
In welchem Alter? Mit 21 Jahren
Und was noch? Er benutzte auch den Namen Catullus.
Spuren in Berlin heute: Keine

Die persönliche Revolution von Senna Hoy

Montag, 24. November 1902

»Stahlmagnat Krupp tot in seinem Haus gefunden«, schrien die Titel der Morgenzeitungen am Kiosk an der S-Bahn-Station Börse ihm entgegen und ein Schauder überkam Johannes, trotz des dicken, schweren Mantels, den er trug. Hertha bemerkte das Zittern ihres Bruders und bereitete sich seelisch auf den Sturm vor, der nun folgen würde: Sie wusste, sobald sie den belebten Platz verließen und die Oranienburger Straße entlanggingen, würde er in eine inbrünstige Rede ausbrechen. »Zum Teufel mit Eisner!« Johannes verfluchte den Chefredakteur der **sozialistischen** Tageszeitung *Vorwärts*. In der Vorwoche hatte das Blatt die Romanzen des Großindustriellen Friedrich Alfred Krupp mit jungen Männern auf der italienischen Insel Capri enthüllt. Artikel, die nun offenbar blutige Konsequenzen zur Folge hatten.

Hertha hatte Schwierigkeiten, mit Johannes Schritt zu halten, der im Tempo eines Maschinengewehrs sprach. Irgendetwas war ihr überhaupt nicht klar.
»Was kümmert dich Krupp denn so sehr? Er ist ein Kapitalist und Monarchist, oder?«
Johannes warf ihr einen wütenden Blick zu. »… und das alles nur, weil die Sozis den 175er abschaffen wollen, aber dafür die intimen Angelegenheiten eines Einzelnen in die Öffentlichkeit zu zerren ist nicht der richtige Weg«, fluchte er weiter vor sich hin. Paragraf 175 des Strafgesetzbuchs bestrafte homosexuelle Beziehungen gnadenlos.
Hertha arbeitete zwar als Schreibkraft in einem Rechtsanwaltsbüro, aber dieses Detail wusste sie aus der Zeitung. »Ich hasse Krupp und alles, was er darstellt, aber diese Bloßstellung in der Presse ist eine unmoralische Waffe.«
Johannes nickte mit dem Kopf in Richtung Große Hamburger Straße, als sie an der Ecke vorbeigingen. »Eisner gibt vor, sich für die Rechte von Homosexuellen einzusetzen, doch dann benutzt er die Homophobie der Gesellschaft,

um einen politischen Gegner zu Fall zu bringen und öffentlich zu demontieren. Er wendet ungerechte Methoden an, während er gegen die Ungerechtigkeit plädiert, gegen die er angeblich ist, und zieht uns den Teppich unter den Füßen weg.«

»Uns?«, wunderte sich Hertha.

»Stell dir vor, Papa würde über uns so etwas in der Zeitung lesen«, fuhr Johannes mit Schärfe fort. Hertha blieb stehen und nickte dann. Sie fühlte schon seit einiger Zeit, dass ihr 20-jähriger Bruder anders war als die meisten Männer, die sie kannte. Und sie war entsetzt, als sie darüber nachdachte, wie Wolff Holzmann reagieren würde, ihr Vater und Erzieher, wenn er wüsste, dass sein Ältester nicht nur ein zukünftiger Judentumlehrer sein würde, sondern auch gesetzlich verbotene »Unzucht« trieb.

Johannes beschleunigte seine Schritte, als sie am jüdischen Altersheim vorbeigingen. Als sie den Übergang passierten, der von dort zum alten Friedhof führte, löschte der kalte Wind die Zigarette, die er in seinen Fingern hielt. Hertha beschloss, das Thema zu wechseln.

»Ich habe gehört, dass Höniger euch das neue Gebäude entwerfen wird«, sagte sie, als beide die alte jüdische Schule sahen, in dessen hinterem Teil sich das Lehrer-Seminar befand.

Johannes schnaubte verächtlich. »Die ganze Zeit wird in Berlin gebaut. Alles ist angeblich neu. Aber es ist letztendlich eine kosmetische Veränderung der gleichen alten Welt. Eine Welt voller Wilhelms und Krupps, die die arbeitenden Menschen ausnutzen. Auch wenn ein neues Gebäude entsteht, werden dort Werte gelehrt, die sich seit dem Mittelalter nicht mehr verändert haben.« Hertha schaute in die schwarzen Augen ihres Bruders und sah, dass sie vor Wut brannten.

»Weißt du, dass man mich gestern gerügt hat, nur weil ich Marx im Unterricht erwähnt habe, als es um das Arbeitsrecht in der Bibel ging?!« Er richtete das als rhetorische Frage an sie und wartete nicht auf ihre Antwort. »Diese Dummen verschließen einfach die Augen, während die Welt um sie herum zerfällt. Sie feiern die Tatsache, dass der jetzige Kaiser die Juden ein bisschen mehr mag als sein Vorgänger, aber sie verstehen nicht, dass all das bald nicht mehr relevant sein wird.«

Hertha blieb stehen. »Das hört sich so an, als wolltest du, dass alles zerstört wird«, sagte sie erschrocken. Sie wusste, dass Johannes regelmäßig zum revolutionären Kreis der »Neuen Gemeinschaft« in die Uhlandstraße ging. Bisher hatte sie aber geglaubt, dass er dies nur aus rein intellektueller Neugierde tat.

»Manchmal muss man zerstören, um etwas Neues zu erbauen«, nickte Johannes Hertha zu. Er zündete seine Zigarette wieder an und steckte sie in den Mundwinkel. »Dies ist mein letzter Tag in dieser verschimmelten Institution«, sagte er. »Ich hätte schon längst gehen sollen.«

Die alten Bäume in der Prachtstraße Unter den Linden glänzten in der späten Abendsonne und Johannes wusste, dass er sich beeilen musste. Schon bald würden die Theater des Boulevards die in der Innenstadt umherlaufenden Kulturliebhaber in ihre Häuser ziehen, und wenn die Zuschauer drei Akte und eine Pause später wieder herauskämen, würden sie nur über die Aufführungen, die Orchester oder die Schauspieler sprechen und keine Geduld mehr für ihn haben. Keine Zeit verlieren, dachte Johannes. Er ließ die Staatsoper links liegen – das Publikum, das hier herumstand, war zweifellos zu alt und zu konservativ, um seine Ideen zu verstehen – und eilte in Richtung Friedrichstraße. Dort, an der Ecke, stand das Kleine Theater, in dem *Schall und Rauch,* Max Reinhardts experimentelle Kabarettshow, gespielt wurde.
Das ist mein Publikum, überlegte er, als er die Schlange sah, die vorm Einlass stand. Die Menschen hier waren jünger und kreativer gekleidet, und möglicherweise nicht so borniert wie die Opernbesucher. Ein paar Frauen rauchten sogar. Johannes atmete tief durch und näherte sich einem eleganten jungen Paar.
»Darf ich Sie für ein neues Magazin interessieren?«, fragte er höflich, als er ihnen das Bündel gedruckter Seiten zeigte, an denen er in den vergangenen Monaten Tag und Nacht gearbeitet hatte. Der Mann machte sich nicht einmal die Mühe, ihm zu antworten, und drehte ihm einfach den Rücken zu, seine Freundin lächelte entschuldigend und sagte höflich: »Wir lesen keine Manifeste von der Straße.«
Johannes versuchte es bei ein paar weiteren Theaterbegeisterten, aber selbst diejenigen, die seine Seiten in die Hand nahmen und einen Blick darauf warfen, gaben sie doch schnell wieder zurück – oder schlimmer noch, warfen sie weg –, sobald sie die Schlagzeilen gelesen hatten.
»Du reagierst über«, sagte einer zu ihm.
»Du bist verbittert«, sagte ein anderer.

»Lass mich in Ruhe«, wehrte ein Dritter ab und drohte, die Polizei zu rufen. Sie interessieren sich für die Show *Schall und Rauch* auf der Bühne des Kleinen Theaters, dachte Johannes traurig, wollen aber im wirklichen Leben nicht durch den Schall und Rauch blicken, um die Wahrheit unter der Oberfläche zu erkennen. Die Scheinheiligkeiten und Heucheleien der Gesellschaft wollten sie dann doch nicht hinterfragen. Als er unter dem Licht der Straßenlaternen nach Hause ging, tröstete er sich, dass es morgen besser laufen würde. Morgen ginge er schließlich in die Kommune.

Sommer 1903

Am Ufer des Schlachtensees, unterhalb der Bungalows der Nervenheilanstalt, die in Zimmer und Wohnungen umfunktioniert worden waren, musterte Johannes mit Genugtuung seine neuen Freundinnen und Freunde, die überall verstreut auf der Wiese saßen und ihre Körper vor der wunderbaren Sonne des Monats Mai entblößten. Erich war dort, seine lange Nase in das Theaterstück vertieft, das er noch immer nicht fertiggestellt hatte. Else lag neben einem gutaussehenden Mann, den Johannes nicht kannte, und friedlich daneben hatten sich auch Gustav und seine Frau ausgestreckt. Auf ein paar bequemeren Stühlen im Schatten eines Baumes saßen die Brüder Hart, die Gründer der Kommune höchstpersönlich.

Johannes gehörte nicht zur Kommune. Landwirtschaftliche Arbeit und Gemeinschaftsleben passten ihm nicht besonders, aber er wusste, dass er hier auf offene Ohren stoßen würde, was seine gedruckten und gebundenen Seiten anging, die er während der ganzen Fahrt im Zug aus dem Stadtzentrum ängstlich unter seinen Achseln hielt. Er war ein ständiger Gast bei den Literatur- und Gedichtabenden, die im sogenannten »Architektenhaus« im Zentrum Berlins und im Vereinshaus der Gruppe in der Uhlandstraße in Charlottenburg veranstaltet wurden. Ganz besonders mochte er die Mond-Geburtsfeiern, die jeden Monat am Ufer des Sees stattfanden und manchmal bis zum Morgengrauen dauerten.

»Holzmann!«, rief Else, »du verdeckst mir die Sonne!« Johannes entschuldigte sich, setzte sich ins Gras und legte seine gebundenen Blätter neben sich. Er nahm seinen Hut und Kragen ab und öffnete zwei Knöpfe an seinem wei-

ßen Hemd. »Darf ich vorstellen«, sagte Else weiter. »Das ist Georg. Er ist Kunststudent und Anarchist-Neuling.« Else streichelte den Rücken Georgs mit Bewegungen, die nicht misszuverstehen waren. Beide waren so schön und erotisch – aber seine Gedanken an eine Ménage-à-trois mussten warten. Johannes hatte gerade dringendere Angelegenheiten. »Schau her.« Er reichte Else seine gebundenen Blätter.
»*Kampf: Blätter zur Bekämpfung der öffentlichen und geheimen Missstände*«, las Else. »Redigiert von Senna Hoy und A. Bernstein, den Gründern des Vereins für Menschenrechte.«
Georg blickte über ihre nackte Schulter herüber. »Das Design ist schrecklich«, bemerkte er. »Aber Senna Hoy ist ein schöner Name.«
Else kicherte. »Das ist er«, sagte sie und zeigte auf Johannes.
»Ich habe den Namen erfunden. Senna Hoy ist Johannes, nur andersrum.«
»Und genau das bin ich auch«, sagte Johannes stolz.
Georg richtete sich auf. »Alle Achtung«, sagte er und schüttelte Johannes' Hand. Johannes ließ zwei Kopien bei dem Paar und verteilte die Zeitschrift dann auf der Wiese. Die Reaktionen waren begeistert, und einige der Freunde erkundigten sich, wie man Artikel an die weiteren Ausgaben schicken könnte. Am gleichen Abend las er ihnen, auf ihr Bitten hin, die erste Version von »Das dritte Geschlecht« vor. Die Zusammenfassung seiner Einstellung zu Homosexualität, Sexualität und der Gesellschaft als Ganzes wollte er drucken lassen, sobald er es sich leisten konnte.
»Keiner hat das Recht, sich in das Privatleben eines anderen einzumischen.« Seine glänzenden Augen bewegten sich flink in ihren Augenhöhlen und streiften das Publikum, das an seinen Lippen hing. »Keiner hat das Recht, sich mit den Ansichten und den Vorlieben eines anderen zu beschäftigen. Letztendlich ist es niemandes Angelegenheit, was zwei Erwachsene in vollstem Einverständnis bei sich zu Hause tun.« Als er geendet hatte, begann die Gruppe, angeführt von Else, ihm stürmisch zu applaudieren. Gustav fragte, wie er beabsichtige, die sexuelle Revolution mit der allgemeinen **anarchistischen** Plattform zu verbinden. Johannes lächelte. Unglaublich, dass erst ein halbes Jahr vergangen war, seit er seiner Schwester von seiner sexuellen Neigung erzählt hatte und er das Lehrerseminar verlassen hatte, weil sie dagegen waren, dass er von Marx sprach. Es ist an der Zeit, dass man hört, was ich zu sagen habe, dachte er.

* Im Text orange gekennzeichnete Begriffe werden im Glossar erklärt.

Was passierte drumherum?

Senna Hoy hatte recht: Zu Beginn des 20. Jahrhunderts begann die sichere Welt des kaiserlichen Deutschlands zu zerbröckeln, bis sie mit einem großen Krach nach dem ersten Weltkrieg zusammenbrechen sollte. In den Jahren vor dem Krieg wurden die revolutionären Stimmen in Deutschland und in Europa lauter, die sich in satirischen Kabaretts über subversive Zeitschriften bis zu Vereinen wie die »Neue Gemeinschaft« ausdrückten, dessen Mitglieder tatsächlich eine alternative Lebensweise ausprobierten.

Die Kommune »Neue Gemeinschaft« am Schlachtensee hielt zwar nur eineinhalb Jahre, aber ihre Mitglieder übten einen entschiedenen Einfluss auf das Kultur- und Gesellschaftsleben in Berlin am Anfang des Jahrhunderts aus. Else, die Schriftstellerin und Dichterin Else Lasker-Schüler, die zusammen mit den anderen hier Genannten die damalige Berliner Boheme bildete, wurde als »Königin des Expressionismus« berühmt und zerbrach die Gläserne Decke für Frauen. Sie erhielt 1932 den Kleistpreis. Ihr erster Ehemann Georg Lewin war Galerist und Kunstkritiker und gab ab 1910 unter dem (ebenfalls von Else Lasker-Schüler inspirierten) Namen Herwarth Walden die bedeutende expressionistische Zeitschrift *Der Sturm* heraus. Der Dramatiker und Schriftsteller Erich Mühsam lebte weiterhin in experimentellen Kommunen und war im Widerstand gegen den ersten Weltkrieg aktiv. Gustav Landauer, der die ideologische Seite bevorzugte, gehörte zu den führenden Figuren der anarcho-kommunistischen Bewegung in Deutschland und versuchte, die Revolution auch nach Bayern zu bringen.
Am meisten ragten die Brüder Julius und Heinrich Hart heraus. Sie waren Büchermenschen, älter als die meisten in der Gruppe »Neue Gemeinschaft« und erfahrener als diese in ihrer Gesellschaftskritik. Sie hatten die Kommune gegründet, um ihre Ideen eines Gemeinschaftslebens und eine Rückkehr zur Natur konsequent auszuleben. In der konservativen Gesellschaft Deutschlands schlugen diese Ideale Wellen und beeinflussten z.B. den Philosophen Martin Buber. Auch er war in der Gruppe aktiv und bezog von ihr Inspiration für die zionistische Idee – die Erneuerung des jüdischen Volkes mittels physischer Arbeit und die Gründung einer kollaborativen Gesellschaft in einem Heimatland für Jüdinnen und Juden.

Im Kampf für die Rechte Homosexueller war Johannes Holzmann nicht allein. Der »Verein für Menschenrechte«, den er gründete, um eine offene Diskussion zu dem Thema führen zu können, existierte nicht lange, aber gleichzeitig gab es andere Körperschaften in Berlin: Schon 1897 hatte der Arzt Magnus Hirschfeld das »Wissenschaftlich-humanitäre Komitee« (WhK) gegründet, die weltweit erste Organisation, die sich für die Rechte Homosexueller engagierte und darauf hinwirkte, den Paragrafen 175 abzuschaffen. 1903 schloss sich auch der Schriftsteller Adolf Brand an, der die »Gemeinschaft der Eigenen« ins Leben gerufen hatte und die erste LGBT-Zeitschrift der Welt unter dem Namen *Der Eigene* herausgab. Holzmann hielt das Komitee von Hirschfeld für zu zugeknöpft und konservativ und kritisierte Brand für die Trennung des Kampfes der Homosexuellen vom allgemeinen kulturellen Kontext, die Auflehnung gegen die allgemeine unterdrückende Ordnung. Er gründete einen eigenen Verein sowie seine eigene, sehr erfolgreiche Zeitschrift *Kampf. Zeitschrift für – gesunden Menschenverstand.* Trotz aller Konflikte unter den unterschiedlichen Richtungen in dieser Zeit halfen all diese Vereine, die erste Legitimierung im Kampf für gleiche Rechte der Homosexuellen zu erreichen – ein Kampf, der seinen Höhepunkt in der Weimarer Republik etwa zwanzig Jahre später haben sollte.

Und was passierte danach?

Senna Hoys Zeitschrift *Kampf* kam in den revolutionären Kreisen von Berlin sehr gut an: Nach dem zögerlichen Anfang 1903 wurde sie 1904 neu gestartet, und innerhalb von eineinhalb Jahren wurden fünfundzwanzig Ausgaben veröffentlicht, die zu ihrem Höhepunkt in Berlin eine Auflage von 10.000 Exemplaren erreichten. Neben Artikeln über die Rechte von Homosexuellen gab es in der Zeitschrift auch Reportagen über die revolutionäre Bewegung in Russland, unterstützende Beiträge zu den Streiks der Minenarbeiter, bissige und vielfältige Literaturkritik, Gedichte und Prosa von Mühsam, Lasker-Schüler und anderen. Holzmann gründete auch einen Verlag, der nach ihm benannt wurde und mit seinen radikalen Meinungen sowie seinem bissigen Aktionismus Eindruck auf die Umgebung machte. Der österreichische Anarchist Pierre Ramus nannte ihn den »rastlosesten Bohèmeproleten der anarchistischen Bewegung deutscher Zunge«.

Aber der Erfolg auf dem revolutionären Gebiet hatte einen Preis, wie Holzmann schnell feststellte. Die Zensur verbot die Veröffentlichung von elf der fünfundzwanzig Ausgaben des *Kampfs*, und die Chefredakteure wurden polizeilich überwacht und verfolgt. Auf seine Privatsphäre erpicht, reagierte Holzmann in seiner für ihn typischen Schärfe und schickte einen persönlichen Brief an den Polizeikommandanten von Berlin, in dem er ihm unter anderem seine Absicht mitteilte, »jeden, der mich überwacht, mit der Faust ins Gesicht zu schlagen«. Dieser Satz brachte ihm, neben den homosexuellen Texten, die er veröffentlichte, eine Gefängnisstrafe ein, aber Holzmann gab nicht auf: 1905 flüchtete er nach Zürich und verbreitete von dort aus seine Meinungen weiter. Leider bekam der junge **Anarchist** auch in Zürich Ärger, dessen Konsequenzen er aus dem Weg zu gehen versuchte, indem er seinen Tod vortäuschte (er schrieb sich dafür selbst einen Nachruf und veröffentlichte ihn in der Zeitschrift, bei der er arbeitete). Nach einem kurzen Aufenthalt in Paris entschloss er sich, nach Russland zu reisen und die weltweite Revolution von dort aus weiterzuführen.

In Russland nahm Holzmann an verbotenen Aktivitäten teil, die zur **kommunistischen** Revolution aufriefen, und wurde 1907 festgenommen und zu 15 Jahren Gefängnisstrafe verurteilt. Seine Freunde in Berlin, die ihn nicht vergessen hatten, sammelten für ihn Geld und übten öffentlichen Druck aus, mit dem Ziel, ihn zu befreien. 1913 fuhr Else Lasker-Schüler nach Russland, um ihn zu treffen. Im gleichen Jahr wurde Holzmann in Moskau in ein Krankenhaus für geistig Kranke eingeliefert. Wegen seines schlechten Zustands willigte Russland ein, ihn freizulassen. Aber Deutschland, wo immer noch die strenge kaiserliche Regierung herrschte, verweigerte ihm die Einreise nach Berlin. Während er noch in Russland eingesperrt war, starb er an Typhus, aber als Toter durfte er dann schließlich doch nach Berlin: Auf dem Jüdischen Friedhof Weißensee liegt er begraben. Lasker-Schüler, die den ruhelosen jungen Mann liebte und verehrte, verfasste zu seinem Andenken ein Gedicht, schrieb über ihn im Roman *Der Malik*, der 1916 herauskam, und widmete sogar eine ganze Reihe von Gedichten »meinem so geliebten Spielgefährten, Senna Hoy«.

* Im Text orange gekennzeichnete Begriffe werden im Glossar erklärt.

Die berühmte, avantgardistische und expressionistische Dichterin Else Lasker-Schüler

Senna Hoy

Gustav Landauer

Herwarth Walden

Kampf

Zeitschrift für — gesunden Menschenverstand.

Gesunder Menschenverstand —:
das revolutionärste, das es giebt.
[illegible]

Erscheint jeden Sonnabend.

Der Neuen Folge 6. Februar 1904. No. 1.

Politische und moralische Pfaffen.

Noch einmal wollen wirs versuchen,

Es gibt solche, die da meinen, nur noch eine Revolution könne helfen. Und es sind nicht die Schlechtesten und nicht die Einsichtlosesten und zumeist diejenigen, die ein ganz eminent ausgebildetes soziales Verantwortlichkeitgefühl besitzen. Die mit Empörung und wachsender Wut sehen, wie Recht längst nicht mehr [illegible] ist mit Gerechtigkeit, [illegible] soziale Verhältnisse heißen: Unterdrückung und Ausbeutung, wie die Person des Einzelnen eingeschätzt wird nicht als Persönlichkeit, zu deren Entwicklung und Ausbildung, zu deren Pflege und Nutzung ihm der auf dem Verhältnis der Gegenseitigkeit beruhende Schutz der Gesellschaft und ihrer Arbeitnehmer: der Regierung, der Beamten, der Behörden zuteil wird, sondern: wie der Einzelne nichts ist als ein Teil der Menge, des zu beherrschenden Volkes, das sich mit dem Bewußtsein oder dem Unbewußtsein seines untertanenhaften Verstandes zu fügen und dasjenige zu

Kampf-Ausgabe von 1904

Blick auf den Schlachtensee

Hackesche Höfe mit dem ehemaligen Neopathetischen Cabaret

Jüdische Schule, Große Hamburger Straße 27. Im vorherigen Gebäude befand sich das Jüdische Lehrerseminar.

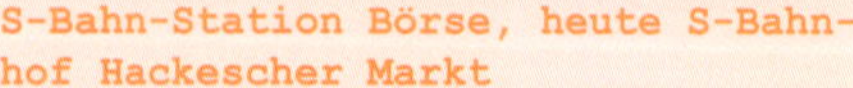

S-Bahn-Station Börse, heute S-Bahnhof Hackescher Markt

Das Kleine Theater ist das dritte Haus rechts vor der Ecke.

AUF DEN SPUREN VON **SENNA HOY**

Martha Jacob

Personalausweis

Name: **Martha Jacob**
Geburtsdatum: 7. Februar 1911
Geburtsort: Berlin
Adresse: Tile-Wardenberg-Straße 26 in Berlin-Moabit
Bekannt für: Deutsche Meisterin im Speerwurf
In welchem Alter? Im Alter von 18 Jahren
Und was noch? Im Alter von 17 Jahren nahm sie 1928 an den Olympischen Spielen in Amsterdam teil, im Rahmen einer Show von Athlet:innen und Sportler:innen der Deutschen Hochschule für Leibesübungen.
Spuren in Berlin heute: Martha-Jacob-Platz in Berlin-Westend

Es liegt in deinen Händen

Eine frische Brise streichelte Marthas Körper, zerzauste ihre gelockten Haare und blies in ihr Trikotoberteil mit dem Vereinsabzeichen, einem Kreis mit Davidstern. Gleich würde der breite Weg aus dem Grunewald heraus nach rechts führen. Das war dann das Zeichen für den letzten Sprint, der sie als Erste ins Ziel bringen würde. Martha liebte es zu gewinnen. Schon im Alter von acht Jahren hatte sie den ersten Platz bei einem Juniorenwettkampf im Turnen gewonnen. Aber das war schon lange her, bevor sie mit dem Rennen begann, dachte sie, als sie um die Ecke bog. Aus der Ferne sah sie die kleine Menge Zuschauerinnen und Zuschauer, die sich unter dem Banner des »Bar Kochba Berlin« an der Ziellinie drängte. Sie hatte ein starkes Verlangen, sich umzudrehen und zu schauen, wie nah ihr jemand folgte, zwang sich aber, sich auf ihre Atmung und ihre Bewegungen zu konzentrieren, die sie sorgfältig gelernt hatte und in vollkommener Art und Weise ausführte.

Als sie die Ziellinie vor allen anderen überquerte, hatte die dreizehn Jahre alte Martha wieder einmal bewiesen, dass sie die Schnellste in ihrem Verein war. Ihre Freude wurde aber sofort getrübt, als sie zurückblickte und sah, dass die zweitschnellste Läuferin, ein großes, älteres Mädchen, die zwei Kilometer lange Strecke mit nur 20 Metern Abstand zu ihr beendet hatte. Schnell schluckte sie das kalte Wasser herunter, das man ihr in einem Glas gereicht hatte. Sie lief auf Louis und Pauline zu, die schon mit ausgebreiteten Armen auf sie warteten.
»Du warst großartig!«, rief Louis und streckte seine langen Arme aus.
»Wir sind so stolz auf dich«, sagte Pauline.
Die beiden Erwachsenen bestanden seit jeher darauf, dass Martha sie mit dem Vornamen statt mit »Mama« und »Papa« anredete, da sie nur Onkel und Tante waren. Sie sprachen immer wieder liebevoll von Marthas mutiger Mutter, die bei ihrer Geburt gestorben war, und dem Vater, der nur drei Monate

später der Grippe zum Opfer gefallen war. Für Martha machte das keinen Unterschied, Louis und Pauline waren die einzigen Eltern, die sie hatte, und die kleine Wohnung, die in einer schattigen Straße gelegen war und aus der man an zwei Seiten auf einen Fluss blicken konnte, war das einzige Zuhause, das sie kannte. »Einer Sache bin ich mir sicher«, fuhr Louis fort. »Dies ist bestimmt nicht dein letzter Sieg. Ich denke, Martha steht eine große Zukunft bevor, nicht wahr, Felix?« Das war Marthas Stichwort für heute. Sie wusste, was sie ihrer weiteren Sportkarriere schuldig war.

Louis hatte sich an Felix Simmenauer, den Kapitän des Läuferteams gewandt. Dieser war 21 Jahre alt, groß und hatte lange Beine. Martha pflegte ihn über Stunden hinweg zu beobachten, wenn er trainierte, und studierte jedes kleine Detail an ihm.
»Sicher«, antwortete Felix lächelnd. »Sie hat ein großes Potenzial. Wäre sie ein Junge, hätte ich sie schon längst für das Fußballteam vorgeschlagen.«
Martha errötete bei Felix' Worten. Es war fast so, also hätte er die Entscheidung erahnt, die sie vor einiger Zeit bereits getroffen hatte.
»Papa … entschuldige, Louis … kann ich ein paar Minuten mit Felix unter vier Augen sprechen?«, bat sie. Louis schaute sie schief an, aber lächelte dann. »Entfernt euch nicht zu weit«, sagte er, »wir haben einen Tisch bei Kempinski am Kudamm in einer Stunde reserviert.« Angesichts des überraschten Gesichtsausdruckes seiner Frau fügte er entschuldigend hinzu: »Ich wusste schon im Voraus, dass wir einen Grund zum Feiern haben werden.«
Martha ließ ihre Eltern zurück und ging mit Felix in Richtung Wald.
»Was gibt es?«, fragte er verlegen.
»Ich möchte dem Berliner Sport-Club beitreten, so wie Lilli.«
Felix wusste natürlich genau, wen Martha meinte. Lilli Henoch war die berühmteste jüdische Athletin in Deutschland, Meisterin im Speerwurf und Kugelstoßen und Mitglied der Handballnationalmannschaft.
»Du weißt, dass ich hier keine Zukunft habe«, fuhr Martha fort und zeigte auf den provisorischen Pavillon, den der Club neben den Zielpfosten aufgestellt hatte. »Ich möchte Hockey spielen. Ich möchte Handball spielen. Ich möchte mich mit Leuten messen, die mich herausfordern. Das schulde ich mir.«
Felix blickte still und gedankenverloren. Er war ein enthusiastischer **Zionist**, der mit ganzem Herzen hinter der Idee von Bar Kochba stand, einer jüdi-

schen, zionistischen Sportvereinigung. Auf der einen Seite sollten im Verein Bar Kochba junge Juden und Jüdinnen zur Emigration in das vorstaatliche Israel bewegt werden, auf der anderen war der Verein auch ein Notbehelf, da es aufgrund des Antisemitismus und der Diskriminierung Juden und Jüdinnen oft nicht möglich war, einem »allgemeinen« Sportverein beizutreten. Aber Felix wusste, dass Martha recht hatte und dort größere Chancen sah, weil sie als eine der Besten sicherlich aufgenommen werden würde.

»Ich werde weiterhin mit euch trainieren«, versprach sie.

»Ja, aber deine Meisterschaft wirst du schon mit einem anderen Verein gewinnen«, gab Felix mit Widerwillen in der Stimme zu. Marthas Gesicht leuchtete voller Dankbarkeit.

21. Juli 1929

Das Waldstadion in Frankfurt am Main war neu und groß, viel beeindruckender als der Trainingsplatz des Charlottenburger Vereins neben der Schnellstraße, auf dem sie in den letzten eineinhalb Jahren trainiert hatte. Sie blickte sehnsüchtig zu der Herrenmannschaft des Vereins hinüber, die sich gerade an die Startlinie für den 1500-Meter-Hürdenlauf begab. Martha erinnerte sich an die Worte von Arthur Holz, der ihr klar gemacht hatte, sie müsse mit dem Laufen aufhören.

»Deine Beine sind einfach zu kurz«, hatte ihr der legendäre Trainer und Champion des **Zehnkampfes** vor einigen Jahren gesagt. »Aber deine Arme, das ist eine andere Geschichte. Falls du es wirklich willst, kann ich dich zur Meisterin im Kugelstoßen machen, vielleicht auch im Speerwurf.«

Martha hatte sich immer über ihre zarten, schlanken Arme gefreut, die ihr schlicht aussehendes Gesicht und ihre dünnen Haare kompensiert hatten. Das Werfen schwerer Metallbälle hatte für sie nicht nach einem besonders aufregenden Sport geklungen.

»Also vielleicht im Handball«, hatte sie hoffnungsvoll vorgeschlagen, »oder im Hockey?«

Herr Holz hatte das Gesicht verzogen. »Du bist Jüdin, nicht wahr? Mich stört das nicht, aber es genügen ein paar Mädchen, die der **Bismarckjugend** angehören, und du wirst einfach keine Bälle bekommen.«

* Im Text orange gekennzeichnete Begriffe werden im Glossar erklärt.

Es hatte noch ein Jahr gedauert, bis Martha einsah, dass er Recht gehabt hatte. Sie hatte daraufhin den Berliner Sport-Club verlassen und mit Holz trainiert. Diese Entscheidung hatte sie hierher gebracht – zu den Deutschen Meisterschaften.

Martha biss sich auf die Lippen. Aus ihrer Lieblingsdisziplin, dem Kugelstoßen, war sie schon vorgestern nach drei Würfen ausgeschieden und hatte von der Tribüne mitansehen müssen, wie Grete Heublein einen neuen Weltrekord aufgestellt und großen Beifall bekommen hatte. Heute trat sie außerplanmäßig noch im Speerwurf an, der eigentlich gar nicht ihre Disziplin war. Wider Erwarten fand sie sich unter den führenden acht Wettkämpferinnen der Meisterschaft wieder, neben ihr die Weltrekordhalterin Auguste Hargus. Eine Welle des Beifalls ertönte plötzlich von der Zuschauertribüne und brachte Martha dazu, auf die Anzeigetafel zu schauen. Auguste Hargus hatte gerade 37,95 Meter weit geworfen, nicht genug für einen neuen Weltrekord, aber ausreichend, um diesen Wettbewerb zu gewinnen. Gleich würde sie selbst zum letzten Versuch aufgerufen werden, das wusste Martha. Sie schloss ihre Augen und atmete langsam und tief ein – die Bäume des Grunewalds einladend, die Umarmung von Onkel Louis aufnehmend sowie die ermunternden Augen von Felix.
»Martha Jacob, vom Sport-Club Charlottenburg«, wurde sie aufgerufen. Sie begab sich zur Rennstrecke, hob den Speer und fing an zu laufen. Ich will, ich will, ich will, wiederholte sie immer wieder, ihren Trainer Arthur Holz beschwörend und den antisemitischen Hockeyspielerinnen entgegnend, ebenso wie der Fußballmannschaft, die ausschließlich Jungen aufnahm. Der Speer wurde ihr verlängerter Arm, eine Fortsetzung ihres Willens, und in einem gewissen Moment wusste sie, dass sie ihn loslassen und ihn sich selbst überlassen musste. Erst der Beifall der Zuschauerinnen und Zuschauer riss sie aus ihren Gedanken. Im Pavillon der Trainer rieb sich Arthur Holz ungläubig die Augen. Der Speer, den Martha geworfen hatte, steckte weit über der 38-Meter-Linie im Boden. Kurze Zeit später wurde das Ergebnis auch auf der Anzeigetafel angegeben: 38,24 Meter, das war der erste Platz in diesem Wettkampf und nur 15 Zentimeter vom Weltrekord entfernt! Martha Jacob hob ihre starken Arme und ein breites Lächeln ließ ihre Zähne durchblitzen. Komme, was wolle, dachte sie, diesen Sieg werde ich für immer haben!

Was passierte drumherum?

Der Sportverein Bar Kochba Berlin wurde im Jahr 1898 gegründet, nur einige Monate, nachdem Max Nordau, der Mitbegründer der Zionistischen Weltorganisation, in einer Rede beim zionistischen Kongress in Basel dazu aufgerufen hatte, »das Judentum der Muskeln« zu fördern. Es ging ihm darum, eine neue Art von Jude zu schaffen, die sich nicht nur durch geistige, sondern auch durch körperliche Stärke auszeichnete, und so die Vision der nationalen Wiederauferstehung verwirklichte. Bar Kochba Berlin war der erste jüdische Sportverein, dem noch viele folgen sollten, die sich 1921 zur Gründung der internationalen Organisation Makkabi zusammentaten.

Martha Jacob

Bar Kochba Berlin wurde als Gymnastikverband gegründet, aber sehr schnell wurden mehr Bereiche eröffnet: Leichtathletik, Tennis, Fußball und andere. Das Fußballteam spielte in der Stadtliga, war aber nicht sehr erfolgreich (Hakoah Berlin war das bessere jüdische Fußballteam der Hauptstadt; beide Vereine taten sich 1929 zusammen). Dafür waren einige Sportler im Klub in der Leichtathletik erfolgreich. Im Namen von Bar Kochba Berlin wetteiferten unter anderem der Olympiasieger im Weitstreckenlauf Elias Katz sowie der Läufer Daniel Kurt Lewin, der das Staffelteam des Vereins zum Sieg der Bronzemedaille bei den Deutschen Meisterschaften 1929 führte.

Trotz allem bevorzugten es die meisten Stars von Bar Kochba, genau wie Martha Jacob, für andere Vereine anzutreten und dort ihre Gewinne zu erzielen, insbesondere für den Sport-Club Charlottenburg. In diesem Verein trainierten unter anderem die deutsche Meisterin und Weltrekordhalterin Lilli Henoch, Marthas Kindheitsheldin, und der Läufer Alex Natan, einer der vier Staffelläufer, die vier Mal die Deutsche Meisterschaft gewannen und auch den Weltrekord brachen. Andere jüdische Sportlerinnen und Sportler versuchten von Anfang an ihr Glück in nichtjüdischen Sportvereinen, und einige von ihnen erzielten beeindruckende Erfolge – unter ihnen der Fußballer Julius Hirsch, der für den Karlsruher Fußballverein sowie für die Nationalmannschaft spielte, wie auch die Fechterin Helene Mayer, die Deutschland bei den Olympischen Spielen 1936 in Berlin vertrat und eine Silbermedaille gewann.

Und was passierte danach?

Der überraschende Gewinn der Deutschen Meisterschaften im Alter von achtzehneinhalb Jahren war der Höhepunkt von Marthas Karriere als aktive Sportlerin. Nach dem Sieg beschloss sie, sich auf den Speerwurf zu konzentrieren. Einen Monat später wurde sie von der deutschen Nationalmannschaft dazu eingeladen, am internationalen Wettbewerb von Deutschland gegen England teilzunehmen. Sie beeindruckte hier wieder alle und erreichte den zweiten Platz (nach Auguste Hargus, der Weltrekordhalterin). Als sie nach Berlin zurückkehrte, beschloss sie, sich auf ihr akademisches Studium an der Deutschen Hochschule für Leibesübungen zu konzentrieren, dessen Gebäude heute zum Deutschen Sportforum gehört, das den nördlichen Abschluss des Olympiaparks in Berlin-Westend bildet.

1932 gewann sie eine Bronzemedaille im Fünfkampf der Deutschen Verbandsmeisterschaften, aber weitere Erfolge dieser Größenordnung gelangen ihr nicht. Ihr Auftritt beim internationalen Wettbewerb gegen England wie auch ihr akademischer Hintergrund reichten jedoch aus, um den britischen Leichtathletikverband zu beeindrucken. So erhielt sie 1931 die reizvolle Einladung, die englische Leichtathletik-Nationalmannschaft der Frauen zu trainieren und auf die Olympischen Spiele 1932 in Los Angeles vorzubereiten. Im Sommer des gleichen Jahres schloss Martha ihr Studium mit dem Sportlehrerinnen-Diplom ab.

Als die Nazis in Deutschland an die Macht kamen und alle Juden und Jüdinnen aus dem Sport-Club Charlottenburg rauswarfen, halfen Martha Jacob die Kontakte, die sie in England aufgebaut hatte, um dorthin auszuwandern. Sie reichten aber nicht aus, um als Trainerin oder Sportlerin in Großbritannien ihr Brot zu verdienen. Martha Jacob musste auf Europas Straßen umherwandern, von England nach Frankreich und von dort nach Belgien und Holland, um eine Perspektive für sich zu finden. Sie war eine Sportlerin ohne Verein und Land, weshalb es ihr nur erlaubt war, bei jüdischen Wettkämpfen anzutreten. Sie gewann zwei Goldmedaillen bei den Europäischen Makkabi-Spielen 1934 und drei Silbermedaillen bei der darauffolgenden Makkabiade, die 1935 in Tel Aviv stattfand.

Trotz der schwierigen Situation, in der sich die deutschen Jüdinnen und Juden befanden, besuchte Martha zu dieser Zeit einige Male Berlin – bis sie im Jahr 1936 von den Nazis zum Verhör festgehalten wurde. Diese wollten von Martha Informationen über die britischen Sportinstitutionen erhalten, was für die Planung der Olympischen Spiele in Berlin von Wichtigkeit war. Am nächsten Tag verließ Martha eilig Berlin mit dem Zug und fand schon bald einen Weg, Europa hinter sich zu lassen. Sie reiste nach Südafrika aus, wo sie sich einer Cousine anschloss. Dort, so weit von ihrer Heimat entfernt, fand Martha endlich Ruhe, arbeitete als Lehrerin und wurde 1937 sogar südafrikanische Meisterin der Frauen im Speerwurf. Ihre ganze Familie, mit Ausnahme ihrer Tante Pauline, die 1939 ebenfalls nach Südafrika flüchten konnte, kam im Holocaust um. Das gleiche Schicksal erlitt die Heldin ihrer Kindheit, die Athletin Lilli Henoch. Felix Simmenauer, der bei der ersten **Makkabiade** eine Goldmedaille gewann, fand letztendlich seinen Weg in die USA und war dort als Architekt und Innenausstatter erfolgreich.

Martha Jacob als Speer- und Diskuswerferin

Mommsenstadion, das Heimatstadion des Sport-Club Charlottenburg

Hotel Kempinski

Nach der Errichtung der NS-Diktatur werden die jüdischen Sportler ausgeschlossen.

Gedenktafel von Makkabi Berlin am Mommsenstadion

Sportler von Bar Kochba Berlin

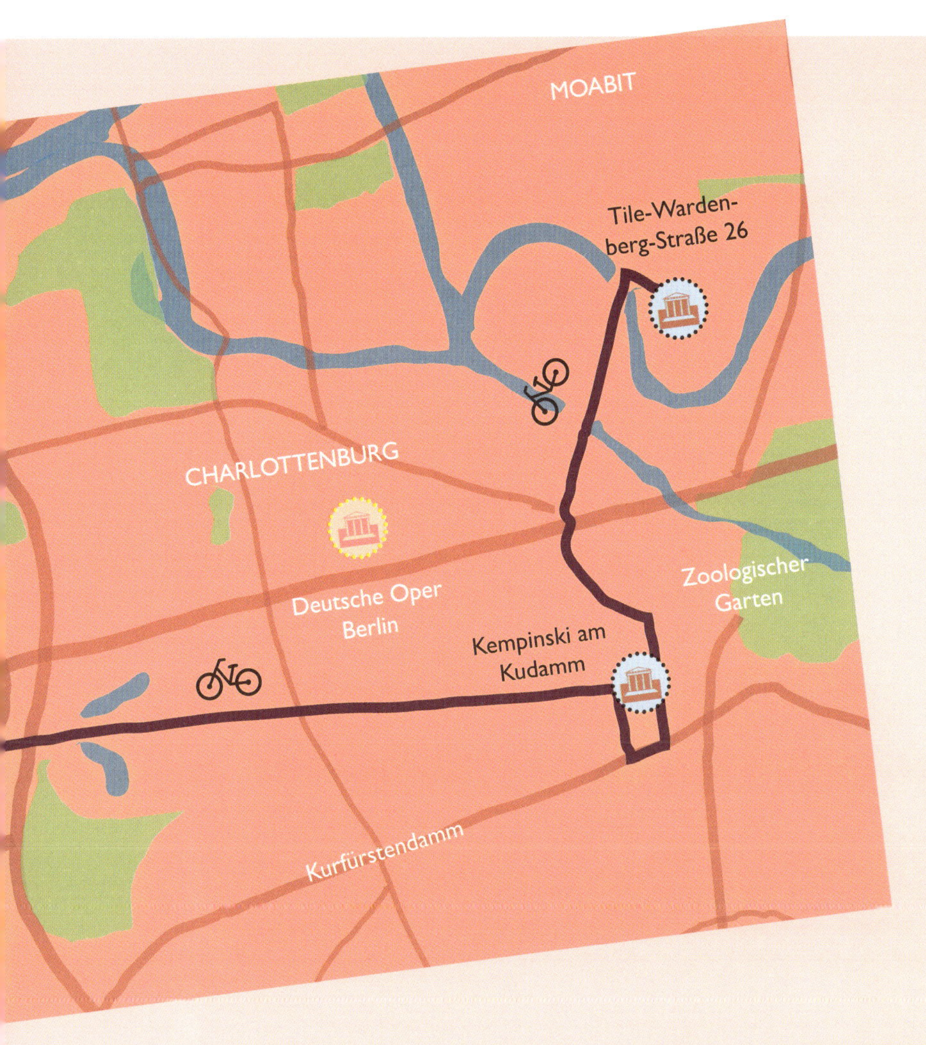

AUF DEN SPUREN VON MARTHA JACOB

Heinz Abrahamsohn (Zvi Aviram)

Personalausweis

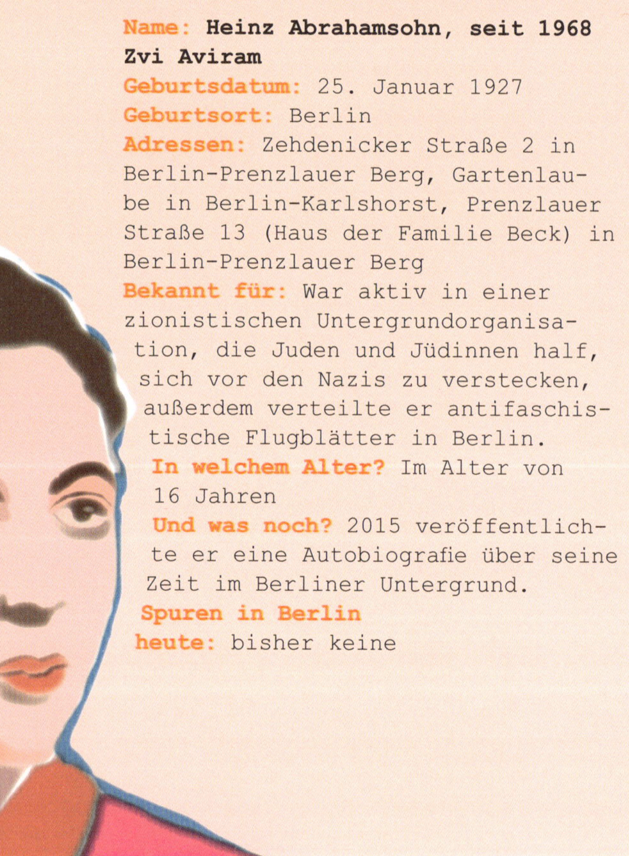

Name: **Heinz Abrahamsohn, seit 1968 Zvi Aviram**
Geburtsdatum: 25. Januar 1927
Geburtsort: Berlin
Adressen: Zehdenicker Straße 2 in Berlin-Prenzlauer Berg, Gartenlaube in Berlin-Karlshorst, Prenzlauer Straße 13 (Haus der Familie Beck) in Berlin-Prenzlauer Berg
Bekannt für: War aktiv in einer zionistischen Untergrundorganisation, die Juden und Jüdinnen half, sich vor den Nazis zu verstecken, außerdem verteilte er antifaschistische Flugblätter in Berlin.
In welchem Alter? Im Alter von 16 Jahren
Und was noch? 2015 veröffentlichte er eine Autobiografie über seine Zeit im Berliner Untergrund.
Spuren in Berlin heute: bisher keine

Freunde in schweren Zeiten

Schawuot-Abend, 8. Juni 1943

Im trüben Kerzenlicht hatte Heinz Mühe, das andere Ende des Raumes zu sehen. Dort stand Jizchak und las aus dem »**Siddur**«. Vom Geruch der frischen **Challa**-Brote, die auf einem Tisch am anderen Ende des Wohnzimmers lagen, wurde ihm ganz schwindelig. Seit dem Frühstück hatte er nichts gegessen. Stattdessen war er in den letzten Stunden in verschiedenen U-Bahn-Zügen von Waggon zu Waggon gelaufen, um Flugblätter einer **kommunistischen** Untergrundorganisation zu verteilen, immer bemüht, sich von Polizisten fernzuhalten. Sein rundes Gesicht und seine akkurat gekämmten Haare, die ihm das Aussehen eines typisch deutschen Schuljungen verliehen, erlaubten es ihm, sich relativ leicht unter die Fahrgäste zu mischen.

Zum Treffen des Chug Chaluzi, des »Pionier-Kreises« bei Familie Beck, kam Heinz Abrahamsohn im letzten Augenblick, nach allen anderen, und setzte sich auf den einzigen freien Platz, genau zu dem Zeitpunkt, als Jizchak voller Aufregung die »Erntedank«(Schawuot)-Zeremonie in den Kibbuzim in Palästina beschrieb. In der Vergangenheit hatte sich Heinz nicht besonders für die zionistische Idee interessiert, aber in der gegebenen Lage war es überall besser als in Berlin – und ein Ort, an dem man in einem Dorf lebte und frisches Obst und Gemüse aß, interessierte ihn umso mehr.
»Und jetzt segnen wir das Brot«, sagte Jizchak und wandte sich den Challa-Broten zu. Mit sicherer Hand brach er Stücke ab, bestreute sie mit Salz und verteilte sie an die Gruppe. »*Baruch Ata Adonei, eloheinu Melech HaOlam, hamozi Lechem min HaAretz*«, sprach der geliebte Lehrer mit seiner melodischen Stimme den Segen, worauf die jungen Leute »Amen« entgegneten. Alle sind mindestens so hungrig wie ich, dachte Heinz bei sich, aber alle warten bis zum Ende der Rede und des Segens. Er war einer der wenigen, die Jizchak nicht vor dem Krieg gekannt hatten, da er kein Schüler der Jugend-

* Im Text orange gekennzeichnete Begriffe werden im Glossar erklärt.

Alijah-Schule gewesen war – aber wie der Rest lernte er schnell, den endlosen Eifer dieses kleinen Mannes mit den runden Brillengläsern zu schätzen. Als Jizchak die Anwesenden mit leisem Summen animierte, mit ihm »*Hine ma tow u'ma'naim, shevet achim gam jachad*« zu singen, erhellte das Lied die Laune von Heinz nicht weniger als die frischen Challa-Brote.

»Kameraden, nächste Woche treffen wir uns am Volkspark Friedrichshain, hinter dem Märchenbrunnen, zum Aravit-Gebet«, verkündete Jizchak und gab das Zeichen, dass es für alle an der Zeit war, sich zu zerstreuen. Die Mädchen und Jungen standen auf und umarmten sich. Sie versuchten noch etwas Zeit zu gewinnen, aber sie wussten, dass die Gefahr wuchs, je länger sie zusammen blieben, dass einer der Nachbarn dieses außergewöhnliche Treffen bemerkte und sie an die **Gestapo** verriet. Als seine Freunde vorsichtig, einer nach dem anderen, auf die Straße hinausliefen, wandte sich Heinz an Ewo.

Ewo war Edith Wolff, die gute Seele dieses Kreises. Ihre Mutter war Christin und die Beziehungen, die sie mit der Kirche knüpfte, halfen vielen ihrer Freunde, mit Essen versorgt zu werden und einen Schlafplatz zu finden. Als er in ihr rosiges Gesicht blickte, konnte Heinz kaum glauben, dass sie nur drei Jahre jünger als seine Mutter war.

»Ich habe mir Sorgen gemacht«, sagte sie zu ihm. »Wo warst du denn?«

Heinz wollte Ewo nicht anlügen, aber er hatte keine Wahl: Wischniewsky hatte ihm mit strenger Miene klargemacht, dass er unter keinen Umständen jemandem von seinen Aktivitäten im kommunistischen Untergrund erzählen durfte. Auf der anderen Seite, dachte sich Heinz, habe ich den **Kommunisten** auch nichts von dem **zionistischen** Kreis erzählt.

»Viel Polizei am Alex«, sagte er kurz, »ich habe einen Umweg gemacht.«

»Gut, dass du vorsichtig bist«, antwortete sie und Heinz fragte sich, was sie wohl denken würde, hätte sie von der Pistole gewusst, die in seiner Manteltasche versteckt war. Er grübelte kurz, ob er auf sich aufpasste oder sich eher unnötig in Gefahr brachte.

»Ich hab' dir etwas mitgebracht«, sagte er dann und zog aus seiner Manteltasche einen Packen farbiger Blätter heraus, die durch gestanzte Linien in kleine Rechtecke aufgeteilt waren. Ediths Miene hellte sich sofort auf.

»Sind das schon die neuen?«, fragte sie. Heinz nickte und zeigte auf das gedruckte Datum in den Rechtecken. »Mehr Brot und Fett, aber weniger Fleisch.«

Wischniewsky meinte, dass die Änderungen der Essensrationen ein Beweis für

die Schwächung des Reiches seien, die letztendlich zur Niederlage im Krieg führen würde. Heinz fand es besser, Edith nichts davon zu sagen.
»Egal«, sie zuckte mit den Schultern, »Hauptsache, es gibt genug Marken für alle.«

31. Dezember 1943

Sechs Wochen waren seit der Nacht vergangen, in der zwei bewaffnete Männer in die Laube eingebrochen waren, in der sie sich versteckt hielten. Sie hatten das Geld und die Essensmarken mitgenommen und Heinz ins Sammellager in der Großen Hamburger Straße gebracht. Das Schicksal hatte es gut mit ihm gemeint und ihm hier die tröstliche Gesellschaft von drei Angehörigen der Zajdmann-Familie gebracht, die er vom Pionier-Kreis kannte. Seinen Kumpel Moritz, dessen Schwester Esther sowie Vater Zajdmann.

Moritz Zajdmann saß auf einem Hocker neben Heinz und starrte durch das vergitterte Fenster. Die Strahlen des Scheinwerfers beleuchteten immer noch den Weg zum alten Friedhof und die Lücke im Zaun, durch die sie entkommen wollten.
»Sie werden bombardieren«, sagte Moritz. »Du wirst sehen. Die Engländer werden die Nazis nicht in Ruhe Silvester feiern lassen.«
Heinz antwortete nicht. Seit der schrecklichen Nacht seiner Festnahme widmete er seine Gedanken ausschließlich der Flucht, wann immer er nicht verhört wurde. Die vielen Bombenalarme waren für sie eine Chance. Und jetzt war der Zeitpunkt gekommen. Wann würden endlich die Sirenen für den Fliegeralarm ertönen?
Esther, Moritz Zajdmanns Schwester, saß auf der Pritsche und unterhielt sich flüsternd mit ihrem Vater. Heinzens Blick verweilte lange auf ihrem Gesicht. So schön, dachte er sich, genau wie beim ersten Mal, als er sie beim Treffen des zionistischen Kreises bei den Becks gesehen hatte. Sie ist drei Jahre älter als du, brachte er sich in Erinnerung, außerdem ist dies sowieso nicht der richtige Moment für die Liebe. Heinz spürte, wie das Brot und die Marmelade, die sie zum Abendessen erhielten, in seinem Magen brodelten. Er schloss die Augen und hoffte, dass das Schicksal ihnen jetzt noch einmal gnädig sein würde.

Wäre Moritz nicht gewesen, hätte Heinz ihnen vielleicht nicht so einen guten Fluchtplan zurechtlegen können: Sich in dem Raum des Luftschutzdienstes zu verstecken, dort eine Picke zu entwenden und diese dazu zu benutzen, die Nieten zu demontieren, die die Gitter des Fensters miteinander verbanden. Und dann auf das Chaos beim Fliegeralarm warten. Jetzt bedurfte es nur noch eines leichten Stoßes, um die Gitterstäbe zu beseitigen und genug Platz zu machen, um sich schnellstens hinauszustehlen.

Wie Moritz prophezeit hatte, schreckte kurze Zeit später das laute Geheule der Sirenen Heinz von seinem Hocker auf. Der Bombenalarm hatte begonnen! Die Insassen der Zelle sprangen von ihren Plätzen und stellten sich im Korridor auf, dem sichersten Ort in diesem Gebäude. Sie waren zu zehnt, aber nur er und die Zajdmanns kannten den Plan. Unter den Juden und Jüdinnen, die sich in Berlin verbargen, hatte sich das Gerücht über einige jüdische Spione verbreitet, die ihre Volksleute an die Nazis verrieten. Esther hatte ihm erzählt, dass die **Gestapo** ihre Familie völlig unvermittelt beim Verlassen der Königlichen Oper Unter den Linden festgenommen hatte. Ihr Vater kannte das Gerücht über die Spitzel und war auch derjenige, der sie dazu überredet hatte, das Vorhaben bis zum letzten Augenblick geheim zu halten.

Von draußen konnte man, näher denn je, ohrenbetäubende Explosionen hören. Jetzt, dachte Heinz, ist der richtige Zeitpunkt! Er rannte zurück in die Zelle und sah, dass Abraham Zajdmann ihm zuvorgekommen war. Der schwergewichtige Mann in den Vierzigern riss die Gitterstangen zur Seite und schob sich ohne zu zögern durch das Fenster hinaus in den Nebel. »Schnell, bevor sie die Scheinwerfer wieder anmachen«, rief Moritz. Mehr brauchte Heinz nicht zu hören. Er schob seinen schmalen Körper durch die Gitter und lief, so schnell er konnte, zum verlassenen Friedhof. Hinter sich hörte er Moritz schnaufen und bald brachen sie hinter einigen alten Grabsteinen zusammen.

»Ich habe ein Versteck in Neukölln«, flüsterte Moritz keuchend. »Falls wir gefragt werden, was wir draußen machen, sagen wir, unser Zuhause ist ausgebombt.«

»Gut«, bestätigte Heinz flüsternd. Er wollte unbedingt zurückkehren und sehen, ob Esther es ebenfalls geschafft hatte zu flüchten, aber er wusste, dass das eine schlechte Idee war. Er holte tief Luft, und zwischen dem Bombenhagel und dem Geschrei der **Gestapo** summte in seinem Kopf die bekannte Melodie. *Hineh mah tow uma naim, schewet achim gam jachat.* Heinz stand auf und reichte Moritz seine Hand.

»Danke, mein Freund«, sagte er. »Es ist an der Zeit zu gehen.«

Was passierte drumherum?

Die zionistisch-religiöse Untergrundorganisation »Chug Chaluzi« (Pionier-Kreis) wurde am 29. November 1943 von Jizchak Schwersenz und Edith Wolff gegründet, unmittelbar nachdem zehntausende Jüdinnen und Juden während der »Fabrikaktion« in ihren Wohnungen und an ihren Arbeitsplätzen in Berlin festgenommen worden waren. Die beiden versammelten eine begeisterte Gruppe von jungen Menschen um sich, die Schwersenz aus der Schule, in der er unterrichtete, sowie aus der zionistischen Jugendbewegung kannte. Die Organisation gab den Jugendlichen Hilfe und Anleitung zum Überleben im Untergrund sowie ein Gemeinschafts- und Zugehörigkeitsgefühl. Zu den führenden Mitgliedern dieser Gruppe gehörten auch Gad Beck, Sohn einer jüdisch-christlichen Familie, und Leopold (Poldi) Chones, ein alter Freund von Heinz Abrahamsohn. Er war derjenige, der den Kontakt zur Gruppe herstellte.

Heinz Abrahamsohn

Dieser Kreis war die einzige jüdisch-zionistische Untergrundorganisation im nationalsozialistischen Deutschland, doch um ihn herum bestand in Berlin ein informelles und umfangreiches Netzwerk von Juden, Halbjuden und Christen, die auf vielfältige Weise den durch die Nazis Verfolgten halfen. Die Essensmarken für die Mitglieder des Kreises beispielsweise besorgte Abrahamsohn von einem polnischen Juden namens Oskar Ostaszewer, der sie von einem Kontaktmann der Reichsdruckerei kaufte. Marie Grünberg, Abrahamsohns christliche Tante, stellte ihm und anderen Juden und Jüdinnen ein Versteck zur Verfügung. Und der jüdische Künstler Cioma Schönhaus versorgte Schwersenz mit einem gefälschten Pass, der es ihm erlaubte, auf seine Gruppenmitglieder aufzupassen und schließlich die Grenze in die Schweiz zu überqueren. Gleichzeitig verfügte die Stadt über ein ebenso dichtes Netz an kommunistischen Untergrundorganisationen, die nicht nur versuchten zu überleben, sondern auch die deutsche Kriegsmaschinerie zu beschädigen oder die Öffentlichkeit zum Aufstand gegen die Nazis anzustacheln, unter anderem durch das Verteilen von Flugblättern in der U-Bahn, an Badestränden und mehr.

Und was passierte danach?

Nach der gewagten Flucht nahm Abrahamsohn den Kontakt zu Mitgliedern des Pionier-Kreises und die Aktivitäten der Organisation wieder auf. Er kam in vielen Verstecken unter, darunter die Gartenlaube seiner Tante Marie Grünberg und das Haus von Else Szimke, einer Schwarzmarkthändlerin, die ihn als ihren Sohn ausgab. Seine Flucht machte den Mitgliedern des Kreises Mut, die damals den Tod von Poldi Chones (von den Nazis gefangen genommen und nach Auschwitz deportiert) und die Verhaftung ihrer großen Wohltäterin Edith Wolff betrauerten. Wolff, die bereits im Juli 1943 verhaftet wurde, schaffte es, alle Informationen über die von ihr unterstützten Juden und Jüdinnen zu vernichten, wurde aber zu zwei Jahren Gefängnis verurteilt und durchlief bis Kriegsende nicht weniger als 18 Haftanstalten und Konzentrationslager, darunter Ravensbrück und Dachau. Nichtsdestotrotz überlebte sie, wanderte nach Israel aus und starb nach einem langen Leben in Haifa.

Nach seiner Flucht in die Schweiz gelang es Jizchak Schwersenz, rund 100.000 Reichsmark vom Genfer Ableger der weltweiten Hechaluz-Bewegung an die in Berlin zurückgelassene Gruppe zu überweisen. Dank dieser Unterstützung sowie der gegenseitigen Loyalität der Gruppenmitglieder und der von Edith Wolff für sie geschaffenen Verbindungen überlebten 33 der 40 Mitglieder bis zur Befreiung Berlins von der Nazi-Besatzung.
Einer dieser Überlebenden war der zionistische Aktivist Heinz Abrahamsohn. Obwohl er im März 1945 zusammen mit Gad Beck erneut festgenommen wurde, kamen die beiden am 22. April frei, als der Lagerkommandant den Befehl erhielt, alle jüdischen Häftlinge hinrichten zu lassen. Um nach dem Krieg nicht als Mörder angeklagt zu werden, entschied sich der Kommandant dazu, dem Befehl nicht zu gehorchen und sie freizulassen. Nach Kriegsende half Abrahamsohn Jüdinnen und Juden in den DP-Lagern in Deutschland und organisierte die Einwanderung Tausender Überlebender nach Israel. Er selbst wanderte erst 1948 nach Israel aus, wurde Tischler und gründete schließlich eine Familie, wobei er bei seiner Hochzeit 1968 seinen Namen in Zvi Aviram änderte. In seinen späteren Lebensjahren besuchte Aviram viele Male Deutschland, hielt Vorträge vor Schüler:innen und sprach sogar im Berliner Abgeordnetenhaus. Er starb 2020 in Israel.

Schawuot-Feier der zionistischen Untergrundgruppe Chug Chaluzi
Von links nach rechts: Gad Beck, Jizchak Schwersenz, Edith Wolff (verdeckt), Heinz Abrahamsohn, Poldi Chones, unbekannt, Miriam Beck, Berlin, Juni 1943

Heinz Abrahamsohn

Gedenktafel fur das Altersheim und Sammellager in der Großen Hamburger Straße

Heinz Abrahamsohn (2.v.l.) mit Klassenkameraden, Berlin, um 1937

Gedenkstätte Jüdisches Altersheim
Große Hamburger Straße 27

Gedenktafel für Edith Wolff (Ewo), Bundesallee 79

Wohnung Familie Abrahamsohn, Zehdenicker Straße 2, Prenzlauer Berg

Stolpersteine für Heinz Abrahamsohns Eltern in Prenzlauer Berg

AUF DEN SPUREN VON
HEINZ ABRAHAMSOHN

GLOSSAR

Anarchismus: Eine Gruppe von Ideologien, die die Abschaffung der staatlichen Institutionen und/oder ihrer Leitungsgremien und die Gründung einer Gesellschaft auf der Grundlage freiwilliger Organisationen und Gemeinschaften befürwortet, die sich selbst verwalten und ihr eigenes Schicksal kontrollieren. Der Anarchismus kam im 19. Jahrhundert auf und umfasste eine Vielzahl von Vorschlägen für die Führung einer Gesellschaft ohne zentralisierten Mechanismus sowie die Kritik an staatlichen Institutionen, wo immer sie waren.

Arisierung (wörtlich: »Arier werden«): Ein von den Nazis geprägter Begriff für den Prozess der Vertreibung von Jüdinnen und Juden aus dem öffentlichen Raum, zu dem auch der Zwangsverkauf von Geschäften und anderem Eigentum von Juden und Jüdinnen an die sogenannten Arier:innen (Reindeutsche nach der Nazi-Ideologie) gehörte. Der Verkauf erfolgte in der Regel zu einem Preis, der nur einen Bruchteil des realen Wertes des Eigentums ausmachte.

Bismarckjugend: Eine Jugendbewegung der rechtsgerichteten königlichen Partei in den 1920er-Jahren. Die Mitglieder der Bewegung gehörten der Mittel- und Oberschicht an und konzentrierten sich auf den Kampf gegen den Kommunismus, hatten aber auch antisemitische Ansichten.

Challa-Brot: Geflochtenes Hefezopfbrot für den Schabbat.

Deutsches Reich: Bezeichnet den ersten deutschen Nationalstaat, der in seiner ersten Phase von der Vereinigung der deutschen Staaten im Jahr 1871 bis zur Abdankung Kaiser Wilhelms II. im Jahr 1918 existierte. Neben dem Kaiser gab es ein demokratisches Parlament, das Grundgesetze erließ und soziale Reformen einleitete. Darauf folgte die Weimarer Republik, die 1933 durch die Machtübernahme der NSDAP unter Führung Adolf Hitlers in die bis 1945 dauernde nationalsozialistische Diktatur überging.

DP-Lager (DP=Displaced Persons, Vertriebenenlager): Lager, die von den Alliierten nach dem Zweiten Weltkrieg in besetzten Gebieten in Deutschland, Österreich und Italien errichtet wurden, um diejenigen vorübergehend unterzubringen, die infolge der Nazi-Verbrechen ihr Zuhause verloren hatten. In den Lagern, die zwischen 1945 und 1956 errichtet wurden, lebten etwa elf Millionen Russ:innen, Pol:innen und Menschen anderer Nationalitäten, die von den Nazis gefangen genommen und als Zwangsarbeiter:innen eingesetzt worden waren. Unter den Vertriebenen befanden sich eine Viertelmillion Jüdinnen und Juden, die aus Konzentrationslagern entlassen wurden oder im Untergrund überlebt hatten.

Dualer Glaube: Ein Vorschlag von David Friedländer, einem der Wortführer der jüdischen Aufklärung, aus dem Jahr 1799. Er forderte eine teilweise Übernahme der christlichen Religion durch die jüdische Elite auf der Grundlage beiden Religionen gemeinsamer moralischer und religiöser Grundsätze, damit diese in Deutschland als gleichberechtigte Bürger:innen akzeptiert werden könnte. Friedlander schlug vor, dass Jüdinnen und Juden alle Bräuche und Überzeugungen aufgeben, die auf späteren Interpretationen der Torah sowie auf dem Talmud basieren, und andererseits die irrationalen Teile des Christentums (wie den Glauben an die Göttlichkeit Christi) nicht übernehmen.

Expressionismus: Eine künstlerische Strömung, die den Schöpfer selbst und seine Sicht der Welt in den Mittelpunkt stellt. Die Strömung, die in Mitteleuropa Anfang des 20. Jahrhunderts ihren Ursprung hat, zeichnete sich durch ein leidenschaftliches Ausdrücken von Gefühlen aus, die durch lautere und gewaltigere Darstellungen Ausdruck fanden als in anderen Kunstrichtungen zuvor.

Fabrikaktion (vom 27. Februar 1943 an): Die Deportation deutscher Jüdinnen und Juden, die in kriegswichtigen Betrieben und der jüdischen Wohlfahrtsorganisation arbeiteten und bis dahin gegen die Deportation in den Osten gefeit waren. Die Gestapo nahm Jüdinnen und Juden in den Fabriken und Häusern gefangen und konzentrierte sie in Sammellagern, von denen aus sie innerhalb weniger Tage in die Konzentrations- und Vernichtungslager geschickt wurden.

Fünfkampf: Kombinierter Leichtathletikwettbewerb, der fünf Disziplinen umfasste (Weitsprung, Hochsprung, 100-Meter-Lauf, Speerwurf und Kugelstoßen). Der Wettbewerb war ein rein männlicher Wettkampf, bis er 1928 vom Zehnkampf abgelöst wurde, bei dem von da an nur Frauen antraten. 1980 wurde der Wettbewerb vom Siebenkampf abgelöst, der sieben Disziplinen umfasst.

Gemara: Ein anderer Name für den babylonischen Talmud.

Gestapo: Die Geheime Staatspolizei von Nazi-Deutschland. Die Hauptaufgaben der Gestapo bestanden darin, die Zivilbevölkerung zu überwachen und zu kontrollieren und diejenigen zu bekämpfen, die als »Feinde des Regimes« definiert wurden (Jüdinnen/Juden, Kommunist:innen und andere). Das Hauptquartier der Gestapo befand sich in der Prinz-Albrecht-Straße in Berlin.

Gläserne Decke: Eine Metapher, die eine unsichtbare Barriere beschreibt, die Minderheiten oder benachteiligte Gruppen daran hindert, Führungspositionen in der Gesellschaft zu erreichen. Dieses Bild wird hauptsächlich von feministischen Aktivistinnen verwendet, um Barrieren zu beschreiben, die Frauen am Aufstieg hindern, selbst wenn dieser gesetzlich möglich ist.

Großhandel: Verkauf von Waren und Dienstleistungen in großen Mengen an Geschäfte oder Dienstleister, nicht Verkauf einzelner Artikel an den Verbraucher.

Hechaluz (Pionier): Eine globale Bewegung junger Jüdinnen und Juden, die die zionistische Idee unterstützten und sich gemeinsam organisierten, um nach Eretz Israel einzuwandern. Die Organisation begann im späten 19. Jahrhundert auf russischem Territorium und breitete sich in der restlichen Welt aus. Der deutsche Zweig wurde jedoch erst 1923 eröffnet. Erst nach der Machtübernahme der Nationalsozialisten war er erfolgreich und erweiterte sich dann auf etwa 15.000 Mitglieder.

Hofjude oder Schutzjude: Ein Jude, der als Agent des örtlichen Herrschers diente oder dem Gericht des Herrschers wesentliche Dienste leistete und daher von einigen oder allen Beschränkungen befreit war, die Juden im Allgemeinen auferlegt wurden. Seine Rolle war im deutschsprachigen Raum vom Mittelalter bis zum Ende des 18. Jahrhunderts verbreitet.

Judendeutsch (wörtlich »jüdisches Deutsch«): Ehemalige Bezeichnung für Jiddisch, eine Sprache mit kombiniertem Wortschatz (Althochdeutsch und etwas Hebräisch), die bis zum 18. Jahrhundert von vielen deutschen Jüdinnen und Juden verwendet wurde, sowie später auch noch und bis heute in Osteuropa. Die Sprache wird mit dem hebräischen Alphabet geschrieben und die hebräischen Verben sind mit deutschen Suffixen versehen.

Jugend-Alijah: Eine 1932 in Deutschland gegründete zionistische Bewegung, die Jugendliche für die landwirtschaftliche Arbeit ausbildete und sie so auf die Auswanderung ohne ihre Familien in das vorstaatliche Israel vorbereitete. Sie half auch bei der Beschaffung der Papiere und der Einwanderung nach Israel. Die Bewegung glaubte an harte Arbeit, meist landwirtschaftlicher Art, Erziehung und soziale Bildung, und ihre Mitglieder halfen sich gegenseitig während der Nazizeit und auch danach.

Kabarett: Eine Unterhaltungsshow mit Gesang, Tanz, Humor und mehr, die normalerweise in einem Restaurant oder Club (anstatt in einem Theater) stattfindet. In Deutschland konzentriert sich das Kabarett oft auf soziale und politische Satire und umfasst schwere und dunkle Themen, die leicht behandelt werden. Kabarettaufführungen begannen Anfang des 20. Jahrhunderts in Berlin und fanden ihren Höhepunkt in den 1920er-Jahren in der Weimarer Republik.

Kommunismus: Eine Ideologie, die das gemeinsame Eigentum an allen Kapital- und Produktionsmitteln befürwortet, basierend auf den Prinzipien des *Kommunistischen Manifests* von Karl Marx und Friedrich Engels von 1848. Das gemeinsame Eigentum wird als perfekter Zustand beschrieben, in dem die menschliche Gesellschaft ihren Höhepunkt erreicht. Aber der Prozess erfordert eine Zwischenstufe, die die Verstaatlichung von Kapital und Produktionsmitteln durch den Staat beinhaltet.

Konfektion: Massen- und Industrieproduktion von Kleidung. Bis Anfang des 19. Jahrhunderts wurden die meisten Kleidungsstücke zu Hause (von Familienmitgliedern) oder von Schneider:innen hergestellt, die die Körpermaße der Kunden nahmen, um die Kleidung entsprechend zu nähen. Mit dem Aufkommen des Bürgertums stieg die Nachfrage nach bequemer Kleidung zu vernünftigen Preisen, die nur durch die industrielle Herstellung identischer Kleider in vordefinierten Größen befriedigt werden konnte.

Konzentrationslager: Ein Lager, das von den Nazis genutzt wurde, um alle einzusperren, die als Feinde des Regimes galten, darunter politische Dissident:innen, Schwule, Arbeitslose und Jüdinnen/Juden. Die Gefangenen lebten unter härtesten Bedingungen, die Zwangsarbeit und wahllose Tötungen beinhalteten, und viele von ihnen wurden gefoltert, ausgehungert und ermordet. Während des Zweiten Weltkriegs wurden viele Konzentrationslager außerhalb Deutschlands in Vernichtungslager umgewandelt, in denen etwa sechs Millionen Juden ermordet wurden, aber auch andere, die von den Nazis als Angehörige »minderwertiger Rassen« definiert wurden, wie Sinti und Roma.

Makkabi: Eine internationale Bewegung von Sportvereinen jüdisch-zionistischer Natur (siehe auch Zionismus), die zu Beginn des 20. Jahrhunderts gegründet wurde und bis heute besteht. Die Bewegung ist nach Yehuda HaMaccabi benannt, dem Helden des jüdischen Kampfes gegen die Griechen während der Zeit des Zweiten Tempels.

Makkabiade (seit 1932): Ein internationaler Wettbewerb mit einer Vielzahl von Sportarten, der alle vier Jahre in Israel stattfindet und für jüdische Sportler:innen aus der ganzen Welt ist. Die Makkabiade wurde vom Makkabi-Weltverband als Reaktion auf die Weigerung des Olympischen Kommitees, eine Sportdelegation von »Eretz Israel« aufzunehmen, ins Leben gerufen.

Melamed: In den jüdischen Gemeinden in Europa war dies der Spitzname für einen Lehrer für Kinder im Alter von drei oder vier Jahren bis zum 13. Lebensalter (Eintritt als erwachsenes Mitglied in die Gemeinde). Der Lehrer unterrichtete eine kleine Gruppe von Kindern in der Tora und bereitete sie darauf vor, den Talmud zu studieren.

Mitzvot (hebr. Gebote, gute Taten): Im Judentum gibt es 613 Gebote.

Napoleonische Kriege (1796 – 1815): Eine Reihe von Kriegen, in denen Napoleon die französische Armee zu Eroberungen gegen die europäischen Mächte seiner Zeit führte. Gleichzeitig erfand Napoleon die Wehrpflicht und zerlegte das Heilige Römische Reich.

Oratorium: Ein musikalisches Werk für Chor, Solist:innen und Orchester, das normalerweise auf einer Geschichte oder einem Drama basiert, aber kein Charakterspiel und keine Bewegung auf der Bühne enthält (im Gegensatz zu einer Oper oder einem Musical).

Poskim (wörtlich »Schiedsrichter«): Rabbiner, die nicht nur ihre Gemeinschaft führen, sondern auch neue Regeln und neue Interpretationen religiöser Gesetze festlegen. In den meisten Fällen bezieht sich der Begriff auf die verschiedenen Kommentatoren des Talmuds, die in den Jahren nach der Unterzeichnung des Talmuds tätig waren.

Sammellager oder Durchgangslager: Ein allgemeiner Name für die Lager, in denen die Nazis Jüdinnen und Juden konzentrierten, die zur Deportation in Konzentrations- und Vernichtungslager bestimmt waren. Die meisten dieser Lager lagen in der Nähe von Bahnhöfen, aber in Berlin waren einige auch in der Innenstadt.

Schawuot: Das Wochenfest, an dem die Gabe der Torah gefeiert wird.

Schlesischer Weberaufstand (4.–6. Juni 1844): Ein heftiger Aufstand Tausender armer und hungriger Weber:innen in Schlesien (heute in Polen), die die neuen Webmaschinen zerschmetterten, weil diese ihre Arbeit verrichteten und sie arbeitslos machten. Der Aufstand wurde mit voller Kraft niedergeschlagen, und die Nachricht davon verbreitete sich in ganz Preußen und rührte Arbeiter:innen und Gebildete auf.

Siddur: Ein Buch, das die regelmäßigen Gebete enthält, die Jüdinnen und Juden täglich und am Schabbat beten, sowie die Hauptgebete für die Feiertage und Gebete für wichtige Ereignisse im Leben, von der Beschneidungszeremonie (im Alter von acht Tagen) bis zur Beerdigung.

Sozialismus: Eine Gruppe von Ideologien, die Mitte des 19. Jahrhunderts begann und deren gemeinsamer Nenner der Glaube an gesellschaftliche Kontrolle über die Verteilung von Eigentum und Ressourcen ist, um Ungleichheit und gesellschaftliche Lücken abzubauen. Verschiedene Versionen des Sozialismus befürworten unterschiedliche Kontrollebenen – von der Teilaufsicht im Rahmen einer freien Marktwirtschaft bis hin zum Miteigentum an Kapital und Produktionsmitteln, einem Ansatz, der als Kommunismus bekannt ist.

Talmud: Eine Sammlung von Interpretationen der religiösen Gesetze, detailliert in der Mischna, die als Ergebnis langer Studien und Diskussionen in jüdischen Zentren in Babylon und Jerusalem entstanden. Da es zwei verschiedene Zentren gab, wurden zwei verschiedene Richtungen gebildet, der Jerusalemer Talmud und der babylonische Talmud (auch bekannt unter seinem aramäischen Namen Gemara). Der babylonische Talmud war verbreiteter und wurde im Lauf der Jahre in den meisten jüdischen Gemeinden als Grundlage für das Urteilen nach religiösen Gesetzen akzeptiert.

Talmud-Torah: Eine traditionelle jüdische Schule, die sich dem Torahstudium (siehe Torah) und den Prinzipien der Religion widmet sowie grundlegende Lese- und Schreibfähigkeiten vermittelt. Eine Talmud-Torah ist in der Regel eine öffentliche Einrichtung, die auch Kindern aus einkommensschwachen Familien den Zugang zu Bildung ermöglicht.

Torah: Die ersten fünf Bücher der Bibel (Genesis, Exodus, Levitikus, Numeri, Deuteronomium=fünf Bücher Mose), auch »Pentateuch« (von griechisch »fünf«) genannt, die den Ursprung des jüdischen Volkes und seine Volkwerdung beschreiben. Gilt im Judentum als Grundlage der Weisheit und der religiösen Gebote.

Zehnkampf: Eine olympische Disziplin, bei der die Athlet:innen in zehn verschiedenen Disziplinen gegeneinander antreten (einschließlich 100-Meter-Lauf, Weitsprung, Speerwurf, Kugelstoßen). Die Punktzahl basiert auf den Leistungen in allen Disziplinen zusammen.

Zionismus: Eine Bewegung, die Ende des 19. Jahrhunderts mit dem Ziel entstand, eine nationale Heimat für das jüdische Volk in Israel (Eretz Israel) zu errichten. Der Zionismus basierte auf alten religiösen Werten, einschließlich der biblischen Mizwa, sich in Israel (Eretz Israel) niederzulassen, aber auch auf den nationalen

Ideologien in Europa, unter deren Einfluss der Zionismus das Judentum nicht nur als Religion, sondern auch als Nation neu definierte.

Zionistenkongress: Ein organisiertes Treffen von Vertreter:innen zionistischer Jüdinnen und Juden (siehe auch Zionismus) aus der ganzen Welt, um die zukünftigen Handlungen und die Ausrichtung der Bewegung zu diskutieren sowie wichtige Entscheidungen zu treffen. Der erste Zionistenkongress fand 1897 in Basel statt, gefolgt von weiteren 21 Kongressen bis zur Gründung des Staates Israel im Jahre 1948.

DER AUTOR

Ronen Altman Kaydar (geb. 1972 in Tel Aviv) ist ein israelischer Dichter, Autor und Übersetzer. Er ist Magister der Geschichte und Philosophie der Wissenschaft der Tel Aviv University. Im Jahre 2000 erschien sein erster Roman *Schmetterlinge des Chaos*, 2007 sein erster Gedichtband *Bissspuren*. 2014 die Novelle *Kreatives Leben* als E-Book.

Seine Gedichte sind ins Englische, Deutsche und Russische übersetzt und von Komponisten vertont worden. Einige davon wurden auf Deutsch in der Anthologie *Was es bedeuten soll* (parasitenpress, 2019) veröffentlicht. Altman Kaydar hat Gedichte vom Englischen und Deutschen ins Hebräische übersetzt (dazu gehört z. B. auch die erste Übersetzung Mascha Kalekos) sowie Reiseführer, Kurzgeschichten und Drehbücher.

Altman Kaydar wohnt in Berlin und arbeitet als Reiseleiter und Herausgeber von Reiseführern. Er hat sich auf jüdische und künstlerische Themen spezialisiert.

IMPRESSUM

BILDNACHWEIS (IN KLAMMERN FÜR DIE HEBRÄISCHE FASSUNG)

S. 13 (10) © Ronen Altman Kaydar
S. 17 ((13) rechts CC-BY-SA Jörg Zägel/Wikimedia Commons; oben links Public Domain; unten links Public Domain
S. 18 (14) oben links Public Domain; unten links Public Domain; oben rechts Public Domain; mitte rechts CC-BY-SA Jörg Zägel/Wikimedia Commons; unten rechts CC-BY-SA Leif Jørgensen/Wikimedia Commons
S. 27 (21) links Public Domain; rechts CC-BY-SA Jörg Zägel/Wikimedia Commons
S. 28 (22) oben Public Domain; mitte CC-BY-SA Fridolin freudenfett/Wikimedia Commons; unten Public Domain
S. 37 (29) alle Fotos Public Domain
S. 38 (30)oben CC-BY-SA Beek100/Wikimedia Commons; mittel Public Domain; unten CC-BY-SA Beek100/ Wikimedia Commons
S. 50 (41) oben Public Domain; unten CC-BY-SA OTFW, Berlin/Wikimedia Commons
S. 51 (40) alle Fotos Public Domain
S. 52 (42) alle Fotos Public Domain
S. 61 (49) Public Domain
S. 62 (50) oben links Public Domain; oben rechts CC-BY-SA Jörg Zägel/Wikimedia Commons; mittel CC-BY-SA Jörg Zägel/Wikimedia Commons; unten links CC-BY-SA Z thomas/Wikimedia Commons; unten rechts CC-BY-SA Jens Lordan (Jensen@de.wikipedia)
S. 73 (57) alle Fotos Public Domain
S. 74 (60) oben links CC-BY Jean-Pierre Dalbéra / Flickr; oben rechtsPublic Domain; mittel CC-BY-SA Fridolin freudenfett/Wikimedia Commons; unten rechts Public Domain; unten links Public Domain
S. 83 (69) alle Fotos © Jüdisches Museum Berlin, Sammlung Martha (Martel) Jacob, Schenkung von Hazel Shore.
S. 84 (70) oben CC-BY-SA Silvio87/Wikimedia Commons; mittel CC-BY-SA Fridolin freudenfett/Wikimedia Commons; unten linksPublic Domain; unten rechts CC-BY-SA OTFW, Berlin/Wikimedia Commons
S. 93 (78/79)unten links CC-BY-SA OTFW, Berlin/Wikimedia Commons; alle andere Fotos © Privatbesitz/ Reproduktion Gedenkstätte Deutscher Widerstand
S. 94 (80) oben CC-BY-SA Beek100/Wikimedia Commons; unten links CC-BY-SA Jörg Zägel/Wikimedia Commons; mitte rechts CC-BY-SA OTFW, Berlin/Wikimedia Commons; unten rechts CC-BY-SA OTFW, Berlin/Wikimedia Commons
S. 104 (87) © Ronen Altman Kaydar

www.ariella-verlag.de

Übersetzung: Irene Mizrachi, Agnes Meisel, Myriam Halberstam
Fachlektorat: Myriam Halberstam
Lektorat Deutsch: Carola Köhler, Lisa Groß
Korrektorat Deutsch: Larissa Hellmund, Carola Köhler,
Lektorat Hebräisch/ Korrektorat Hebräisch: Michal Zamir, Zehava Khalfa
Design/Layout/Illustrationen/Karten/Covergestaltung:
Christine Paxmann text • konzept • graphik, München
Satz/Layout: Hebräisch: Irene Mizrachi
Druck: Alfred Nordmann
ISBN 978-3-945530-39-9

Preis 16,00 Euro (D) 16,50 (AT)

רונן אלטמן קידר

לשנות סדרי עולם

צעירות וצעירים יהודים שעיצבו
את ההיסטוריה של ברלין

ARIELLA VERLAG

תוכן העניינים

אדולף יאנדוֹרף

יוהנס הולצמן

מרתה יעקב

היינץ אברהמזון (צבי אבירם)

הקדמה

ההיסטוריה היא מה שקרה פעם, ולכן טבעי לדמיין אותה כמשהו ישן - דפים מאובקים ומצהיבים, תמונות בשחור־לבן, נשים וגברים בשיער שיבה המשוחחים בנחת על כוס תה. אבל האמת היא שכל סיפור היסטורי התקיים בזמן הווה; גיבוריו חיו אותו בצבע, ברעש ובהמולה; ורבים מהם היו לאו דווקא זקנים לוגמי־תה אלא אנשים צעירים, לעיתים צעירים יותר מאלו שלומדים עליהם בתיכונים ובאוניברסיטאות. למעשה, ברוב התקופות שלפני המאה העשרים הוגדרו נשים וגברים כבוגרים בגיל צעיר יותר מאשר היום: הם התחתנו, יצאו לעבודה, פרסמו יצירות והקימו עסקים כשהיו בני עשרה או קצת יותר, וכתוצאה מכך יצאו אל העולם והטביעו עליו את חותמם - וכל זה, עוד לפני שהגיעו לאמצע שנות העשרים שלהם.

זו המחשבה שמתוכה נולד הספר הזה, הפורש את ההיסטוריה של היהודים בברלין דרך עיניהם של צעירים וצעירות שחיו בעיר בתקופות שונות בתולדותיה. גיבורי הספר התמודדו עם לבטים קשים, הגיעו להישגים מרשימים, עברו חוויות מרתקות ונסחפו בזרמים שהגדירו את התקופה שבה חיו - וכל זאת כשהיו בשנות העשרה או בשנות העשרים המוקדמות לחייהם. יש בהם נשים וגברים; קפיטליסטים, סוציאליסטים ואנרכיסטים; ילידות ברלין ומהגרות; אדוקים וכופרים; אומניות ואנשי מעשה; למדנים ואלופות ספורט; ועוד ועוד. סיפורם המשותף הוא עלילה רבת־תהפוכות, ואני מקווה שהיא תשפוך אור על הדרכים המגוונות בהן בחרו צעירים יהודים לנהל את חייהם בברלין.

משה מנדלסון

תעודת זהות

שם: **משה מנדלסון**

תאריך לידה: 6 בספטמבר 1729

מקום לידה: דֶסָאוּ (גרמניה)

כתובות: פרוּפְּסְטְשטראסֶה ושפַּנְדָאוּאֶר שטראסֶה, רובע מיטֶה; נקבר בבית הקברות היהודי הישן

ידוע בזכות: לימוד עצמי של שפה ותרבות חילונית, שבזכותן היה לפילוסוף היהודי הראשון בגרמניה

באיזה גיל? 14-23

ומה עוד? תרגם את חמשת חומשי התורה מעברית לגרמנית במהדורה מוערת המיועדת לקוראים יהודים. המהדורה מתקנת מספר טעויות שנפלו בתרגומו המוקדם יותר של מרטין לותר.

עקבות נוספים: ביה״ס התיכון היהודי ע״ש מנדלסון ברובע מיטֶה; ביה״ס התיכון ע״ש מנדלסון ברובע מוֹאָבּיט; כיכר פרוֹמֶט ומשה מנדלסון, מול המוזיאון היהודי.

ללמוד בכל מחיר

1743

נער חלוש וכפוף־גב צעד לאיטו אל שער האֶלֶה ועל גבו שק כבד. בגדיו היו דהויים וגדולים ממידתו, זיפים עיטרו את לחייו והוא לא נעל נעליים. הוא היה אומנם עייף ורעב, אבל לא יכול היה שלא להתפעל מחליפות המדים המעוטרות בפס אלכסוני, אותן לבשו החיילים נושאי־החרבות משני צידי השער. בקרוב אגיע, חשב לעצמו.

"הזדהה!" קרא בקול אחד החיילים, ושלח בו מבט זועף.

"משה מנדלסון מֶהַק.. מֶהַק... מהקהילה היהודית של דֶסָאוּ", פלט הנער המבוהל, מבטא את המלים ביוּדנדויטש, כפי שנהג אביו. פניו של השומר האדימו באחת.

"יהודים וחזירים - רק משער רוֹזֶנטָלי!" קרא בגרמנית, ירק שלוש פעמים וסימן בידו על השביל לאורך החומה. הגרמנית של משה לא הייתה טובה במיוחד, אבל את הרעיון הוא הבין. אחרי חצי שעה נוספת של הליכה בשביל בוצי, מצא את עצמו מול שער מפואר הרבה פחות בצפון העיר, עומד בתור אחרי איכר גוּץ, שהוביל שור עצבני.

"יהודי!" צעק לו השומר, "מה אתה מוכר? תראה מה יש לך שם."

משה פתח את השק הגדול והראה לשומר את החפצים המעטים שבו - כותונת אחת, מים וכמה ספרים. הרב פרנקל הזהיר אותו שרוכלים יהודים אינם רצויים בברלין. "איני מוכר דבר," אמר, "באתי לְלְ.. לְלְ.. ללמוד."

השומר השמיע נחרה רמה.

"אתה באת, כמו כל היהודים, לחיות כאן כפושט יד ולאכול את לחמנו. עוף מפה."

לא, זה לא יכול להיות, חשב בבהלה. לא ייתכן שאחרי שנים של שקידה וחמישה ימים של הליכה מפרכת, יבטל איש כה גסרוח במחי יד את חלומו ללמוד אצל מורו ורבו בברלין. הוא גייס את כל כוחותיו למשפט ברור אחד.

"באתי ללמוד אצל הרב דוד פרנקל."

ארשת פניו של השומר השתנתה באחת.

"פרנקל, אתה אומר..." הוא ענה, מצופף את גביני עיניו. "והוא דואג לך למקום לינה?"

משה הנהן. השומר פשט את ידו קדימה.

"שלושה טאלר מכס", אמר וירק על הקרקע הבוצית.

"אבל הוא לא שילם", הצביע משה על האיכר.

"הוא שילם על השור", צחק השומר, "שוורים ויהודים משלמים אותו דבר. זה החוק."

1747

גשם עז ניתך על חלון עליית הגג בבית באמברגר שברחוב פרופסט, והנר המרצד האיר בקושי שני ספרים פתוחים על שולחן הכתיבה. משה בחן את הנר בחשש; הוא היה האחרון שנותר לו, והוא חייב להספיק עד מחר. בטנו קרקרה והזכירה לו שפרט לפרוסת לחם לא אכל כל היום, הן במהלך הלימוד המתיש בישיבה והן בשעות אחר הצוהריים, כשניצל את האור מהחלון המערבי להעתקה נקייה של כתבי הרב והכנתם לדפוס. חמש הפרוטות שיקבל מחר, חשב, יספיקו לעוד כיכר לחם ולכמה נרות.

אני חייב להתרכז, חשב, ורכן אל הספרים. מימינו נח אוצר בלום, "מסה על שכל האדם" מאת ג'ון לוק, שכל משפט בו פרץ עוד דרך לחשוב על יכולתו של האדם לתפוס את העולם ולהסבירו. משמאלו נפרשו דפיו של המילון הלטיני־גרמני של יוהנס פְּריז, אותו קיבל במתנה מאהרון גומפרץ בתחילת הקיץ. משה היה אסיר תודה לידידו: הוא אומנם הכיר כבר את הדקדוק הלטיני, אבל ללא המילון הזה, לא היה מסוגל להתגבר על פרטי הפילוסופיה הסבוכה, שתורגמו מאנגלית ללטינית.

הוא צלל אל תוך הפרק הבא, "על הידיעה בכללותה", אבל מייד נאלץ להפסיק: קול חריקה צורם העיד כי מישהו מטפס במדרגות. למוד־נסיון, סגר במהירות את שני הספרים, החביא אותם מתחת למזרן הקש ושלף את עותק התלמוד הירושלמי שקיבל מפרנקל. הוא לא יכול היה להרשות לעצמו להיתפס עם ספר בגרמנית או, שומו שמיים, בלטינית; רק לפני שבוע מצאו אצל בּלייכרדר ספר בגרמנית וגירשו אותו מהעיר. משה אומנם התגעגע למשפחתו בדֶסָאוּ, אבל לא רצה בשום אופן לחזור לעיר הקטנה, שבה איש לא ידע דבר על כוחו של השכל האנושי.

לשמחתו, לא היה עליו להתמודד עם בעל הבית הזועף תמיד אלא עם

אשתו גֶלָה, שחיבבה את הנער המגמגם קלות ושיגרה אליו חיוכים בכל הזדמנות.

״ארוחת הערב תתאחר היום בשעתיים,״ אמרה בעלת הבית וספקה כפיה. ״לחיים יש עסקים דחופים בפוטסדאם והוא שלח שליח להודיע שיתאחר.״

״תודה״, ענה משה ומשך בכתפיו. בטנו מחתה אומנם, אבל כשגֶלה ירדה במדרגות הרשה לעצמו לחייך: יש לו עוד שעתיים במחיצת הרעיונות המהפכניים והמרתקים של לוֹק, והוא כבר החל לראות כיצד הם מתחברים היטב לתפיסת התבונה האלוהית של הרמב״ם. נותר היה רק לקוות שהנר יספיק.

משה מנדלסון

1750

חנות המשי של יצחק ברנהארט לא הייתה רחוקה מעליית הגג של הבאמברגים, ומאז שנפתחה, לפני כשנתיים, עבר משה על פניה פעמים רבות בדרכו לבית הכנסת ברוֹזֶנשטראסֶה, גם אם מעולם לא נכנס פנימה. הפרוטות שהרוויח בהעתקת כתבי יד הספיקו לו בקושי ללחם, נרות וספרים מדי פעם, לבטח לא לדברי מותרות. מבטי הפליאה שהפנה אל הבדים העדינים מכל עבר לא נמלטו מעיניו של הסוחר הלבבי שישב מאחורי הדלפק.

״לא ייאמן, אה?״ צהל מר ברנהארט, ״כשבאתי לברלין הייתה לי רק עגלה של כפתורים ברבע טאלר, ועכשיו תראה... בקרוב נקבל אישור ייצור ונוכל להפעיל את הנולים מאחור, ואז באמת יהיה פה שמח.״

משה ידע שברנהארט החל את דרכו כרוכל פשוט, אבל לא חשב שיתגאה בכך.

״אני ... הייתי רוצה ל ...״ החל לומר, מנסה להחניק את הגמגום. אבל ברנהארט הקדים אותו.

״אתה רוצה להיות מורה, ואני צריך מלמד לבן הקטן שלי. ולפי מה שכתב פרנקל בהמלצה שלו,״ הוא הניף פיסת נייר מהשולחן העמוס, ״אתה בדיוק מה שאני מחפש.״

משה רצה לענות, אבל פיו נותר פעור בתדהמה. הוא קיווה לתשובה הזו, רק לא ציפה שיקבל אותה כבר בניסיון הראשון. הוא לא התעניין במיוחד בהוראה, אבל מכיוון שסיים את הלימודים, לא נותרה לא שום אפשרות להישאר בברלין באופן רשמי - אלא אם יירשם כבן בית של יהודי־חצר, למשל כמורה לילדיו.

המלים המודגשות בכתום מוסברות במילון המונחים.

"יש לי רק שאלה אחת", המשיך ברנהארט, מתעלם משתיקתו. "למה בעצם אתה לא מחפש משרה בתור רב? יש לך הסמכה מלאה, ועם ההמלצה הזאת אתה יכול לכהן בכל עיירה מפה ועד ורשה."

זו הייתה שאלה מצוינת, שהעסיקה גם את משה, והוא היסס ארוכות לפני שענה.

"חשוב לי להמשיך ללמוד," אמר לבסוף, "לא רק לפרש את התלמוד והפוסקים, אלא לקשר אותם לרעיונות אחרים, כפי שנהג הרמב"ם כשחיבר בין כתבי אריסטו לבין עקרונות היהדות."

הוא נזהר לא להזכיר את הפילוסופים החדשים יותר שבכתביהם התעמק, אבל למרות הניסוח הדיפלומטי חשש מתגובתו של ברנהארט. להפתעתו, נשען הסוחר לאחור על כסאו וחייך חיוך רחב.

"זה בדיוק מה שרציתי לשמוע. אני צריך שמאיר ילמד לא רק תורה וגמרא, אלא גם גרמנית וחשבון. שלא יעבדו עליו פקידי המלך. ואל תדאג, יהיה לך מספיק זמן לקרוא, אם זה מה שאתה רוצה."

פניו של משה זרחו, והוא יישר את גבו עד כמה שאפשר.

"מתי מתחילים?" שאל.

מה קורה בסביבה?

משה מנדלסון הגיע לברלין בדיוק בזמן, מייד אחרי עלייתו לשלטון של פרידריך השני (לימים פרידריך הגדול), שהעלה על נס את תנועת

לוח זיכרון בשפנדאואר שטראסה, ביתו השני של מנדלסון בברלין

הנאורות. תנועה זו, שצברה פופולריות בצרפת בראשית המאה ה-18, שאפה לבסס את המוסר, האסתטיקה והפוליטיקה על אמיתות המתגלות בכוח התבונה האנושית ולא על ציוויים דתיים וכתבים עתיקים המתקבלים ללא עוררין. תחילה נפוצו עקרונות הנאורות בפרוסיה באמצעות ספרים מיובאים, כדוגמת אלה שמנדלסון קרא בהיחבא, אבל לאחר שהמלך הזמין לחצרו את הפילוסוף הצרפתי ווֹלטֶר החלו רעיונותיה להתבסס בחברה הגבוהה.

במקביל החלה ההסתגרות הפנימית של החברה היהודית בברלין להתפורר בהדרגה. עם הזמן התרחבה שכבת הסוחרים, הבנקאים והחלפנים שישיבתם בברלין הותרה, ופרידריך הגדול, שאומנם תיעב את היהודים כקבוצה, קיבל אותם כיחידים והגדיר אחדים מהם כ״שימושיים״. לקבוצה הקטנה הזו השתייכו, בין השאר, הבנקאי ובעל המטבעה פַייטֶל היינֶה אפרים, שסייע למלך להגדיל את הונו, וכן קבוצה של סוחרי משי (בהם יצחק ברנהארט) שסיפקו לחצר המלך בדים איכותיים, כמו אלה שיובאו מצרפת, במחירים נמוכים בהרבה. בעקבות המגע התמידי בין יהודים אלה לבני המלוכה והאצולה, הושפעו אף הם מרעיונות הנאורות ושאפו לדאוג לבניהם לחינוך כללי יותר, שאינו מוגבל לפרשנות הגמרא והתלמוד. אחדים שלחו את הילדים ללמוד בגימנסיות הנוצריות, כגון בית הספר הצרפתי שנפתח בברלין, אבל הרוב העדיף למצוא שביל ביניים, שיספק לבניהם גם את המורשת היהודית וגם את הרעיונות החדשים.

אחד הבולטים במשכילים היהודים החדשים היה אהרון גוּמפרץ, היהודי הברלינאי הראשון שהוסמך כרופא באוניברסיטה גרמנית. גוּמפרץ, בן למשפחה נודעת של רופאים ואנשי ספר, לימד את מנדלסון הצעיר צרפתית ואנגלית, וסייע לו גם בלימודי הלטינית, עליהם שקד גם בעצמו.

ומה קרה אחר כך?

משה מנדלסון מצא את עצמו בנקודת המפגש שבין התפשטות הנאורות בגרמניה ושאיפתם של היהודים לחינוך כללי. שנים ספורות לאחר שהחל לעבוד כמורה, הכיר גוּמפרץ בינו לבין המחזאי גוטהולד אפרים לסינג, מראשוני תנועת הנאורות הגרמנית. לסינג חילק את זמנו בין לייפציג לבין רובע ניקולאי בברלין, וסייע למנדלסון לחדד את רעיונותיו ולהתקבל בחברה האינטלקטואלית הגרמנית, שהתקשתה להאמין שיהודי יכול להיות פילוסוף. חבר נוסף, הסופר והמו״ל פרידריך ניקולאי, הפיץ את

המלים המודגשות בכתום מוסברות במילון המונחים.

ספריו וחיבוריו של מנדלסון, ואלה זכו במהרה לשבחים מכל עבר. הפילוסופיה התיאולוגית שפיתח שאפה למצוא את הבסיס הרציונלי המשותף ל׳שלוש הדתות האברהמיות׳ (יהדות, נצרות ואיסלאם), היכתה גלים והציתה דיונים אינטלקטואליים באירופה כולה. אפילו פרידריך הגדול לא יכול היה להתעלם מהתופעה, ולבקשת אחד מאורחיו אף הזמין את מנדלסון באופן רשמי לביקור בארמון סנסוסי - אם כי לא יכול היה להביא את עצמו להיפגש עם הפילוסוף היהודי.

עם זאת, מנדלסון לא שכח מאין בא, ולאורך חייו הקדיש מחשבה לשאלה שהעסיקה יהודים רבים: כיצד ניתן להשתלב בחברה ולתפוס בה מקום ראוי מבלי לנתק את הקשר עם המורשת. מנדלסון ראה בהשכלה את הפתרון לדילמה, וקרא לבני קהילתו לספק לעצמם ולילדיהם חינוך כללי נרחב ככל האפשר, כדי שיוכלו לקחת חלק בפרויקט הגדול של הנאורות - בניית חברה מוסרית וצודקת על בסיס האמיתות המתגלות לאור התבונה. כמו הרמב״ם, שאת כתביו למד מרבו דוד פרנקל, הוא לא ראה סתירה בין התבונה לבין האמונה, והקפיד לשמור על כל מצוות היהדות עד יומו האחרון. החברה היהודית, שחיפשה את המתכון להשתלבות, נענתה בהתלהבות לקריאה, ומורים פרטיים רב־לשוניים ומשכילים כמו מנדלסון החליפו במהרה את המלמדים של הדור הקודם.

מנדלסון עצמו לא נותר מורה לזמן רב; כשילדיו של ברנהארט בגרו, הוא נאלץ לעבוד כמנהל חשבונות במפעל המשי כדי לא לאבד את הזכות להתגורר בברלין. רק בגיל 36, לאחר שזכה לתהילה עולמית, קיבל מנדלסון מידי המלך אישור רשמי להתגורר בעיר, שלא כנספח ליהודי חצר כלשהו, ובכך נסגר מעגל שהחל עשרים ושתיים שנה קודם לכן: הנער הצנום, שכל כך רצה לבוא לברלין כדי ללמוד בלי סוף, היה לתושב של קבע בזכות לימודיו.

במוזיאון בבית קנובלָאוך שברובע
ניקולאי תוכלו לראות בית מרוהט
בקפידה של משפחה בורגנית מימיו
של משה מנדלסון.

Moses Mendelssohn (1729–1786).
Kupferstich nach einem Gemälde von Anton Graff

בית הכנסת הישן

שער האלה

ארמון אפרים המהודר, הבנוי בסגנון הבארוק,
הוא היום מוזיאון שניתן לבקר בו.

כנסיית ניקולאי הקדוש

רובע ניקולאי היום

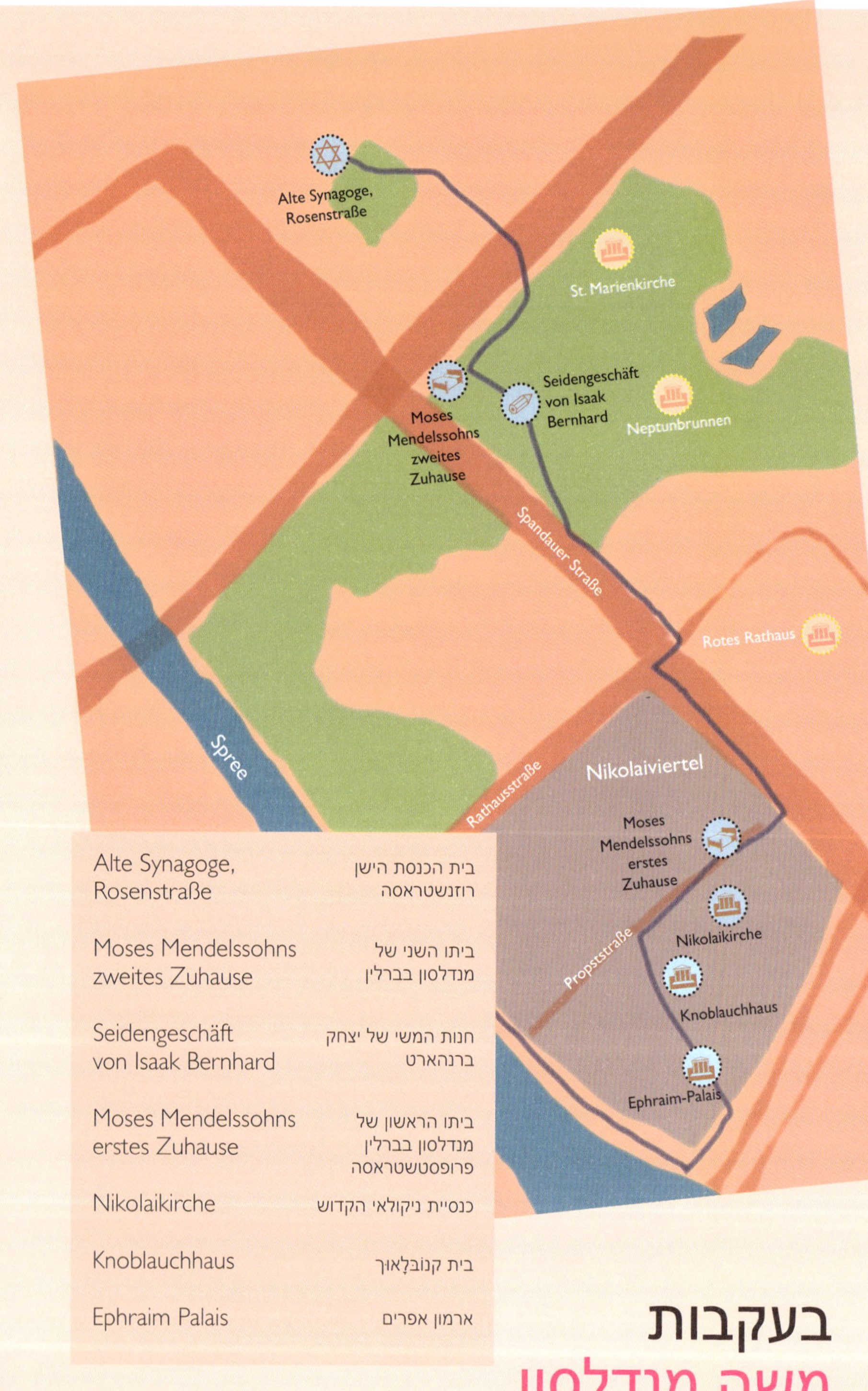

Alte Synagoge, Rosenstraße	בית הכנסת הישן רוזנשטראסה
Moses Mendelssohns zweites Zuhause	ביתו השני של מנדלסון בברלין
Seidengeschäft von Isaak Bernhard	חנות המשי של יצחק ברנהארט
Moses Mendelssohns erstes Zuhause	ביתו הראשון של מנדלסון בברלין פרופסטשטראסה
Nikolaikirche	כנסיית ניקולאי הקדוש
Knoblauchhaus	בית קנוֹבּלָאוּך
Ephraim Palais	ארמון אפרים

בעקבות
משה מנדלסון

הנרייטה הרץ

תעודת זהות

שם: **הֶנרִיֶיטֶה הֶרץ (דֶה לֶמוֹס)**

תאריך לידה: 5 בספטמבר 1764

מקום לידה: ברלין

כתובות: שפָּנֶדאוּאֶר שטראסֶה ונוֹיֶיר מָרקט, רובע מיטֶה; נקברה בבית הקברות II של כנסיית ירושלים, קרוֹיצבֶּרג.

ידועה בזכות: הקמת הסלון הספרותי הראשון בברלין

באיזה גיל? 16

ומה עוד? שלטה בשמונה שפות (גרמנית, אנגלית, צרפתית, לטינית, עברית, איטלקית, פורטוגלית ודנית) ודיברה גם קצת טורקית, מלאית וסנסקריט.

עקבות נוספים: כיכר הֶנרִיֶיטֶה הֶרץ ברובע מיטֶה; פארק הֶנרִיֶיטֶה הֶרץ ברובע טירגארטֶן; שדרות הֶנרִיֶיטֶה הֶרץ ברובע פאלקֶנברג.

בסלון של הֶנרִייֶטָה

1778

השמועה עשתה לה כנפיים: בית ספר יהודי חדש עומד להיפתח בברלין, צמוד לבית העלמין ברחוב גרוֹסֶה המבורגר. הנרייטה בת הארבע־עשרה שמעה על כך מאדון פרידלַנדֶר, שישב איתם לארוחת ערב בבית המשפחה בנוֹיֶיר מַרקט, העלה את הרעיון בפני אביה הרופא וביקש את תמיכתו. הנרייטה, שהתעניינה בכל נושא לימודי שהוא, מפיזיקה ועד לטינית עתיקה, רצתה לדעת הכל בנוגע לבית הספר החדש, אבל כנערה מחונכת ממשפחה מכובדת שמרה את שאלותיה לעצמה.

למרבה המזל, אדון פרידלנדר היה נלהב מאוד, וגם מבלי שתשאל מיהר לפרוש בפניהם את הרעיון. הנרייטה התרגשה לשמוע שבית הספר לא יהיה כמו ישיבה או **תלמוד תורה** בסגנון הישן, אלא יספק גם השכלה כללית ולימודי חול במגוון נושאים, על מנת לסייע ליהודי העיר להשתלב ולהקל על המגעים מול הרשויות.

הד״ר דֶה לֶמוֹס נאנח והנרייטה חייכה לעצמה. הרי זה בדיוק מה שאומר אדון מנדלסון הזקן, שגר מעבר לפינה; זו בדיוק הסיבה שאביה בחר עבורה את המורים הפרטיים הטובים ביותר בעיר. היא עצמה את עיניה ודמיינה את עצמה יושבת בחדר הלימוד, קוראת ספרים עבי כרס בלטינית ומנהלת שיחות אינטלקטואליות עמוקות עם חברים בני גילה, או אפילו - מתישהו - מלמדת כיתה של ילדים צמאי דעת. אבל אז ציין האורח המכובד שבית הספר החדש מיועד, כמובן, לילדיהם של יהודים עניים ולמשפחות מעוטות יכולת, שאינן יכולות להרשות לעצמן מורים פרטיים - ושהשם שנבחר עבורו הוא ״חברת חינוך נערים״.

נערים, לא נערות, חשבה הנרייטה, שלומדים מפי מורים, ולא מורות. היא נשכה את שפתיה ולזמן מה איבדה עניין בשיחה, עד ששמעה את שמה מוזכר: אביה הודיע בחיוך רחב שיש לו הפתעה בשבילה.

״בשבוע הבא״, אמר חגיגית, ״לא יתקיימו לימודי הלטינית שלך. במקום זאת תגיע אלינו ציירת מכובדת, אותה הזמנתי כדי לצייר את דיוקנך.״

הנרייטה אהבה את לימודי הלטינית, אבל ידעה שזה כבוד גדול ונדיר. רק נסיכות ובנות אצולה זכו בדרך כלל לשבת בפני ציירים בגיל צעיר כל כך. היא כבר ידעה מה תלבש - את השמלה הצהובה עם המחשוף הלבן, שמדגישה כל כך יפה את פניה.

״אחרי הכל,״ אמר אביה בבדיחות הדעת, ״אצטרך איזו תזכורת לפני

המלאך שלך לכשתעזבי את הבית אחרי החתונה."

הנרייטה ידעה שכוונותיו של אביה טובות, אך מבלי שידע זאת צרבו מילותיו בנפשה. שהרי גם לוּ היה בית הספר מקבל נערות כתלמידות או כמורות - מחשבה משונה כשלעצמה - היא לא הייתה אחת מהן, כי בעוד חודשים מספר תלבש שמלה מפוארת ותהיה לאשת איש. היא גם ידעה שיש לה מזל: מָרקוּס הֶרץ, החתן המיועד, היה לא רק רופא מצליח אלא גם אינטלקטואל, איש שיחה ואדם עדין ומלא רגש, לפחות עד כמה שהספיקה להכירו בשתי שנות אירוסיהם. הוא גם הבטיח לה שתוכל להמשיך בלימודיה ולהזמין את המורים הפרטיים שלה אל ביתם החדש. ובכל זאת, ולמרות הכול, משהו בה לא יכול היה להרפות מהתמונה שעלתה בדמיונה: קבוצה של אנשים צעירים לומדים ומשוחחים יחד.

אביב 1780

שנתיים אחר כך, בחדר ההסבה הקטן של בית משפחת הרץ, הגישה הנרייטה תה לנשותיהם של הרופאים, אותם אירח בעלה בחדר הגדול, כמו גם לחברתה בְּרֶנדֶל מנדלסון, שבאה לביקור והביאה להנרייטה מתנה מאביה. הנרייטה התקשתה להסתיר את התרגשותה: היה זה ספר שירים חדש של גֶתֶה, המשורר האהוב עליה, שמילותיו ריגשו אותה כל פעם מחדש. ללא שהות, היא הציעה לנשים שהסבו בחדר להקריא כמה שירים, ולאחר מכן גם נעתרה לבקשתן להסביר מדוע המלים האלה מלהיבות אותה כל כך.

כשסיימה לקרוא, העירה ברנדל שלדעתה גתה מוסיף לשפה הגרמנית מהות שלא הייתה בה בעבר. אחת הנשים שאלה במה הוא שונה מסופרי העבר, והנרייטה נחלצה לעזרת ברנדל והסבירה. תוך דקות התפתח בחדר דיון ארוך ומפותל, מרתק כל כך עד שהנרייטה שכחה אפילו ללגום מהתה שלה, וגילתה לידה כוס מלאה נוזל פושר כשד"ר הרץ הציץ פנימה והודיע שהגיע הזמן לסיים. "בפעם הבאה תקריאי לנו עוד?" שאלה אחת הנשים, והנרייטה הנהנה, מופתעת. אבל רק אחרי שכולם הלכו, היא התחילה להבין מה קרה.

"תגיד," שאלה את בעלה בקולה המתנגן, "יפריע לך אם לצד הדיונים המדעיים שאתם מנהלים בחדר הגדול, אני והחברות נשוחח בחדר ההסבה על ספרות ופילוסופיה?"

מרקוס הרץ קימט את מצחו.

"כמו בסלונים בצרפת, את מתכוונת?" הוא היה אדם משכיל והבין אותה מייד.

"בדיוק," ענתה.

"למה לא? אפשר לעשות סלון כפול", אמר מרקוס, ואז הוסיף והרהר בינו ובין עצמו. "את יודעת, אחד האורחים שלי תמיד מתלונן שאנחנו עוסקים רק ברפואה ובפיזיקה ומחליפים נושא ברגע שאנו מתקרבים לפילוסופיה. בפעם הבאה אשלח אותו אליך."

1784

מרקוס הרץ עמד במילתו, ושלח כמה מהגברים שישבו אצלו אל חדר ההסבה. מה שלא צפה היה עד כמה יתרשמו כולם מאשתו הצעירה, ולאילו מעגלים עוד תתפשט השמועה על בת־העשרה חדת הלשון, שעומק ידיעותיה מתחרה רק בחן שבה היא מגישה אותן. בהדרגה התחלפו נשות הרופאים בסופרים, משוררים, פילוסופים ואפילו בני אצולה, ותוך מספר שנים האפיל הסלון הספרותי של הנרייטה על הדיונים המדעיים והרפואיים שקיימו מרקוס וחבריו.

כמה ימים אחרי שחגגה הנרייטה את יום הולדתה העשרים, הזכיר אחד האורחים בסלון את בית הספר "חברת חינוך נערים". הוא עבד כמורה לצרפתית בבית הספר, וסיפר לחברי המעגל בכעס על כך שההנהלה החליטה לחדד את אופיו היהודי של המוסד ולהוסיף את חקר הגמרא לתוכנית הלימודים. בדיון הסוער שהתפתח בחדר דובר בחופשיות על המסורת היהודית, על הצורך להשתלב, על הצעותיו של פרידלנדר לאמונה דואלית, יהודית־נוצרית, ועוד. שלא כהרגלה, הנרייטה כמעט ולא השתתפה בשיחה, ובמקום זאת היא הביטה מהצד וחייכה. מי צריך ללכת לבית הספר, חשבה, אם אני יכולה להביא את בית הספר אליי לסלון.

מה קורה בסביבה?

בגיל שש עשרה, הנרייטה הרץ הייתה היהודייה הראשונה בברלין שהקימה לעצמה סלון ספרותי בבית. אבל היא לא הייתה היחידה. חברתה הטובה ברנדל מנדלסון, בת גילה, התלהבה כל כך מהשיחות המרתקות אצל הנרייטה, עד שהחליטה לפתוח חדר קריאה דומה גם בביתה. ברנדל נישאה בגיל שמונה עשרה לבנקאי שמעון פָייט, שלא התעניין במיוחד בספרות, במדע ובפילוסופיה, ואורח הכבוד בסלון שלה, בשלביו הראשונים, היה אביה, הפילוסוף משה מנדלסון.

המלים המודגשות בכתום מוסברות במילון המונחים.

מנדלסון נפטר בשנת 1786, כשהנרייטה וברנדל היו בנות עשרים ושתיים, ובאותה שנה הלך לעולמו גם מלך פרוסיה פרידריך הגדול. פרידריך היה ידוע כמלך־פילוסוף, שהעריך את המדע, הספרות והמוזיקה, ובחצרו עסקו במתמטיקה, בחידודים ספרותיים ועוד - אולם השפה ששלטה בקרב חוגים אלה הייתה הצרפתית, שנחשבה לשפת האצולה; המלך נהג לומר שבצרפתית מנהלים שיחה עם בני אדם, ובגרמנית - עם הסוסים. קשה היה להצית בו, או במישהו מחצרו, את התשוקה לקרוא משיריו של גתה, או כל משורר גרמני אחר, ולהתייחס אליהם ברצינות. זו הייתה הסיבה העיקרית שלא רק יהודים נמשכו לסלונים של הנרייטה, ברנדל וחברותיהן, אלא גם צעירים חדי־מחשבה מהמשפחות המכובדות ביותר בברלין.

אבל אם הנחתם שמותו של פרידריך הגדול יסמל את חזרתה של השפה הגרמנית למוקד הדיון התרבותי בחצר המלוכה, טעות בידכם. המלך הבא, פרידריך וילהלם השני, אומנם לא היה סנוב צרפתי שזלזל בשפת ארצו, אבל גם הוא לא גילה כל עניין במדעי הטבע או הרוח, והעדיף את "החיים הטובים" בארמון: ארוחות שחיתות, מסעות ציד וכל הנלווה לכך. משוררי החצר פוטרו מתפקידם, המדענים נשלחו להקים גשרים וצעירים ברלינאים שרצו לשוחח על דברים העומדים ברומו של עולם, נמשכו יותר מתמיד לסלונים של הנשים היהודיות. ארבע שנים אחר כך פתחה רחל לוין, צעירה רווקה בת תשע עשרה, סלון משלה בחלק החדש ביותר של ברלין, בּיֶיגֶרשטראסֶה שבשכונת פרידריכְשטאט, והקהל שוחר־השיחה הסתער במהירות על המציאה.

ומה קרה אחר כך?

הנרייטה ניהלה את הסלון שלה במשך עשרים ושלוש שנים ואירחה בו עשרות אמנים, סופרים ופילוסופים. אחד מהם היה הפסל יוהן שאדוֹ, שחלק עם האורחים את חוויותיו מהעבודה על הקוָודריגָה, פסל האישה הנוהגת במרכבה על שער בּראנְדֶנבּוּרג. בשנותיו האחרונות של הסלון הצטרף גם המשורר והמבקר פרידריך שלֶגֶל, מטאור עולה בשמי הספרות הגרמנית; הוא התאהב בברנדל, וזו נטשה את בעלה הבנקאי, התנצרה והחליטה להתחתן איתו. ברנדל נטבלה לנצרות תחת השם דורותיאה ולקחה את שם משפחתה של בעלה הסופר, כך שמאז נודעה בשם דורותיאה שלֶגֶל. אבל הצעירים הבולטים ביותר שבילו את זמנם בחדר ההסבה בשפנדאואר שטראסה היו האחים וילהלם ואלכסנדר פוֹן הוּמבּוֹלדט, בנים למשפחת אצולה פרוסית ותיקה.

הם הגיעו לסלון יום אחד, חמש שנים לאחר הקמתו, והנרייטה הרץ לא הצליחה להסתיר את התרגשותה כשפתחה את הדלת וגילתה מולה את השניים, שעל אף גילם הצעיר (18 ו-16) נמנו כבר עם הרווקים המבוקשים ביותר בברלין. וילהלם ואלכסנדר, שהתגאו ברוחב ידיעותיהם, באו לראות על מה כולם מדברים - ועד מהרה נשאבו למעגל האורחים הקבוע. וילהלם, המבוגר, שמר על ריחוק אריסטוקרטי מסוים, אבל אלכסנדר, שהיה עז־רוח וחסר מנוחה, נשבה בקסמה של המארחת וביקש ממנה ללמד אותו עברית, כדי שיוכל לכתוב לה בשפה שאף אחד אחר לא מבין. כדי לשכנע אותה ללמד אותו עברית, הוא חלק לה מחמאה אחר מחמאה, ותיאר אותה במכתביו כמי שחילצה אותו מ"טירת השעמום", כפי שקרא לבית האחוזה הענקי של משפחתו בצפון ברלין. אלכסנדר, שנודע לימים כמדען חוקר ונסע בכל רחבי העולם, העריץ את הנרייטה הרץ, והוא היה זה ששכנע את המלך להעניק לה קצבה מלכותית בכדי להבטיח את פרנסתה בערוב ימיה.

בשנת 1803, לאחר מות בעלה מרקוס, הפסיקה הנרייטה הרץ לארח את העילית של ברלין בביתה. עלייתו של נפוליאון לשלטון בצרפת הביאה לפרוסיה ולברלין רוחות חדשות, רוחות מלחמה; בהדרגה החלו אגודות לאומיות להחליף את הסלונים הספרותיים, ואלה נסגרו בזה אחר זה. הנרייטה הרץ הרוויחה את לחמה כמורה פרטית לילדים ממשפחות עניות ושמרה על חברות קרובה עם רחל לוין, גם לאחר שזו התחתנה עם הביוגרף הרשמי של גתה והמירה את דתה לנצרות. הנרייטה הלכה לעולמה בגיל 83, שנים רבות אחרי שפרצה דרך חדשה עבור נשים, עבור בני ובנות הדת היהודית, ועבור אנשים צעירים בברלין.

הנרייטה הרץ

קברה של הנרייטה בבית הקברות השני של קהילת ירושלים בשכונת קרויצברג

שפנדָאואֶר שטראסֶה; באחד
הבתים משמאל התקיים ככל
הנראה הסלון של הנרייטה הרץ.

בית הספר התיכון היהודי בגרוֹסֶה
המבורגר שטראסֶה. במקום זה עמד
בית הספר היהודי של פרידלנדר.

אחד הבתים בשורה שלפני כנסיית
מריה הקדושה היה ככל הנראה
בית ילדותה של הנרייטה.

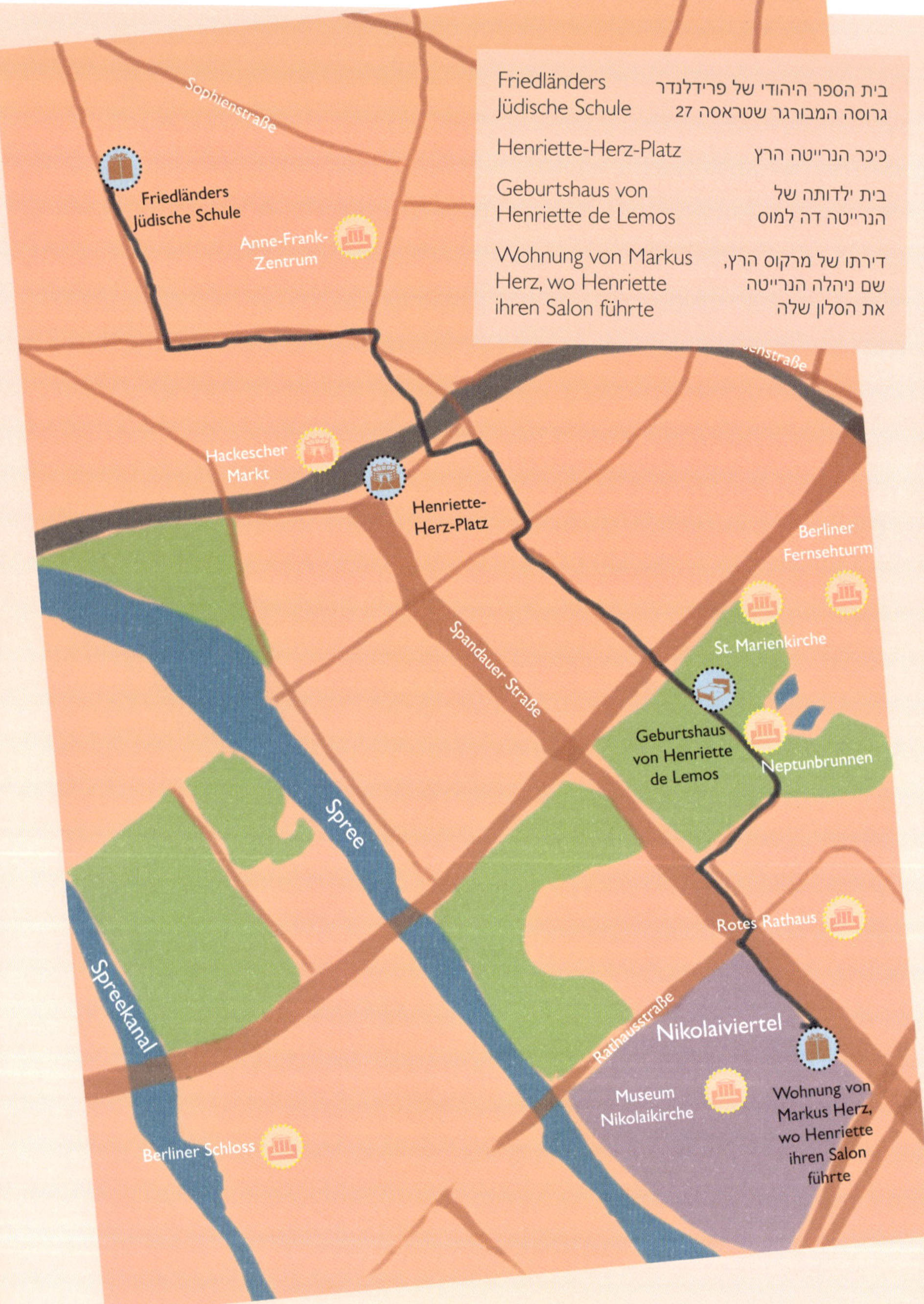

בעקבות
הנרייטה הרץ

פאני מנדלסון

תעודת זהות

שם: **פאני מנדלסון, מגיל 24 פאני הֶנזֶל**

תאריך לידה: 14 בנובמבר 1805

מקום לידה: המבורג

כתובות: יֶגֶרשטראסֶה 51, נוֹיֶיה פרוֹמֶנאדֶה 7, לַייפציגֶר שטראסֶה 3 ברובע מיטֶה; נקברה בבית הקברות של השילוש הקדוש, קרוֹיצברג.

ידועה בזכות: הלחנת שירים ויצירות שפורסמו תחת שמו של אחיה ונגינת פסנתר שזכתה למחמאות נלהבות

באיזה גיל? 14-23

ומה עוד? כשצפתה בחזרות לאורטוריה "אליהו" מאת אחיה, פליקס מנדלסון, לא עצרה בעצמה והעירה בקול לפסנתרן ששגה בקצב. המנצח התרשם מהבנתה, ולכן גייס אותה כיועצת מוזיקלית להפקה.

עקבות נוספים: בית הספר היסודי ע"ש פאני הֶנזֶל ודרך פאני הֶנזֶל ברובע קרויצברג; בית הספר למוזיקה ע"ש פאני הֶנזֶל ברובע מיטֶה.

בשם המוזיקה

11 בדצמבר 1819

אברהם מנדלסון היה מאושר. במהלך המלחמות הנפוליאוניות עברו על משפחתו ימים קשים, והם נאלצו לעבור מהמבורג לברלין ואף לעקור זמנית לווינה; אבל עם הניצחון חזרו העסקים ללבלב, וכעת התאספו כולם בסלון הקטן שמאחורי הבנק המשפחתי כדי לחגוג את יום הולדתו. היה זה יום שבת, ותחושת הקדושה בחדר העלתה בזיכרונו את הארוחות החגיגיות בבית בו נולד.

הוא נאנח. שלוש שנים קודם לכן הטביל את ארבעת ילדיו לנצרות בבית הכומר של כנסיית ירושלים, אבל עדיין התקשה להסתגל לקישוטי חג המולד שפאני תלתה בחלון. הוא האמין בכל ליבו שזמנה של היהדות תם, ושקבלת דת המדינה תפתח בפני ילדיו את כל האפשרויות התואמות את מעמדם.

מבטו של אברהם התמקד בילדיו, משתהה על פאני בת הארבע־עשרה. זו קמה בדיוק ממקומה על ספת עץ הדובדבן ולחשה משהו ליוסף, אחיו ושותפו בבנק המשפחתי. הנה זה בא, חשב אברהם. ביום הולדתו הקודם הפתיעה אותו בנגינה מן הזיכרון של כל עשרים וארבעה הפרֶלוּדים מתוך "הפסנתר המושווה" מאת באך; מעניין איזו הפתעה היא מתכננת הפעם.

"גבירותיי ורבותיי," קרא יוסף מן הדף שבידו, "פאני ופליקס מנדלסון גאים להציג, בבכורה עולמית, שיר ליום ההולדת של אבא."

החיוך על פניו של אברהם התרחב, והוא הצטרף בחדווה למחיאות הכפיים הסוערות. בשביל זה, חשב לעצמו, בשביל זה טרחתי. אלמלא טבל את ילדיו לנצרות, מי יודע אם אדון צֶלטֶר, מנהל האקדמיה לזמרה, היה מקבל אותם כתלמידים בתחום ההלחנה.

פליקס קם ראשון, התיישב ליד הפסנתר והסיט לאחור את שערו המתולתל. אברהם היה אסיר תודה לאשתו, לאה, שלימדה את הילדים לנגן בגיל צעיר, אבל הוא ידע שרק הכשרה מקצועית אצל מורים ראויים תפתח בפניהם את האפשרות לקריירה מוזיקלית. או לפחות, תיקן את עצמו, עבור הבן.

אברהם נמלא התרגשות מנגינתו של פליקס ומהשיר שהלחין לכבודו, גם אם הלחן היה פשוט למדי. פליקס עוד לא בן אחת עשרה, חשב; עצם העובדה שהוא מסוגל ליצור משהו כה נאה מעידה כאלף עדים על כישרונו.

בתום השיר הקצר קד פליקס כאמן מנוסה ופינה את מקומו לאחותו הגדולה. אברהם עצם את עיניו והתכונן להתענג שוב על נגינתה של בתו. צֶלטֶר התרשם עמוקות מהתפיסה המוזיקלית שהפגינה פאני, וציין לא פעם שהיא בגדר "משהו מיוחד". אברהם נאלץ להודות במהרה שהוא צדק: היה זה אותו שיר שהלחין פליקס - משהו על חיי המשפחה הנעימים, המוגנים בפני הקור שבחוץ - אבל פאני השתמשה בשפה מוזיקלית עשירה ומפוארת לאין ערוך. ליבו של אברהם הלך ונחמץ ככל שהלחן התעלה לגבהים: הוא ידע שבתו כבר קרובה לפרקה, ובקרוב יהיה עליו לשבור את ליבה.

אני צריך לכתוב לה, חשב בעוד הסלון מתמלא בצלילים שמיימים, לוודא שלא תפתח ציפיות. "מוזיקה תהיה אולי קריירה עבור פליקס," ניסח לעצמו, "אבל עבורך היא יכולה וחייבת להיות רק קישוט, ולא הבסיס לקיומך ולמעשייך[1]."

היא תצטרך לחיות עם זה, חשב.

1826

פאני הציצה דרך הווילון. הקונצרט של יום ראשון עמד להתחיל. בגן המקורה של הבית בלַייפּציגֶר שטראסֶה התאספו גברים בחליפות ונשים בשמלות אלגנטיות, וכולם ראו לשמוע אותם, אותה ואת אחיה. חבל רק שווילהלם לא כאן, התגנבה למוחה מחשבה סוררת, וטומק התפשט בפניה. היא ידעה שהוא ברומא, נהנה ודאי משמש סתיו מפנקת בין עצי הזית, בעוד שכאן בברלין מעונן ואפור.

מבין הרהוריה חשה לפתע טפיחה עדינה על כתפה.

"תראי מה הגיע בדואר", אמר פליקס כשהסתובבה, ולפני שהספיקה להתנגד, הוא הוביל אותה אל חדר המוזיקה והצביע על השולחן המהודר שאביהם קנה בווינה.

מבט מהיר הספיק לפאני למצוא את ספר התווים הכרוך. היא חטפה אותו ועלעלה בדפים המודפסים עד שמצאה את מבוקשה.

"השירים שלי!" קראה בחדווה. עיניה נדדו על פני השורות, בוחנות כל תו וכל הברה.

[1] ציטוט מתוך מכתב שכתב אברהם מנדלסון לבתו מספר חודשים אחר כך

"ושלי", ציין פליקס.

פאני קפאה במקומה. בספר היו אומנם השירים שלה ושל אחיה, אבל רק שם אחד הופיע בו: פליקס מנדלסון־ברתולדי. היא ואחיה שנאו את שם המשפחה שהוסיף אביהם כשהתנצרו, אבל בפרסום רשמי לא הייתה ברירה. היא עיוותה את פניה וקיוותה שאחיה יחשוב שזה כל מה שמפריע לה. אבל פליקס בכלל לא שם לב לתגובתה.

"את רואה?" הוא קיפץ בהתלהבות סביבה, "הרי אמרנו לך שתחת השם שלי יש להם סיכוי להתפרסם. אבא צדק."

פאני חשה דמעות עולות בגרונה. מאז אותו מכתב, שקיבלה מאביה כשהייתה בת חמש עשרה, כבר למדה לקבל את דרכו של עולם: כאישה ממשפחה טובה, ועוד ממוצא יהודי, לעולם לא תוכל להתפרנס ממוזיקה. אבל עדיין צרב את ליבה הכורח לפרסם את המוזיקה שלה תחת שמו של אחיה.

"אל תדאגי," הרגיע אותה פליקס, "אם ישאלו אותי, אני מבטיח לספר שהם שלך."

פאני הנהנה ונשמה נשימה עמוקה. פליקס הציץ בשעון הקיר ומיהר אל הגן: הוא היה אמור לפתוח את הקונצרט בנגינת אחד הפרלודים של באך. פאני בהתה בחלונות הגדולים של חדר המוזיקה כשלפתע ראתה פרצוף מוכר של גבר בעל פני ילד ושפתיים רזות.

"אדון מילר," אמרה בשמחה לאחר שפתחה את החלון, "יש לך משהו בשבילי?"

המשורר הצעיר הנהן והגיש לה שני דיוקנאות מפורטים של אישה צעירה יפהפייה, שפניה עדינים, גבותיה דקות ושערה נתון בכתר של פרחים. עברו כמה רגעים עד שהבינה שזו היא, או לפחות איך שנראתה בעיניו של וילהלם. מכיוון שמשפחתה התנגדה ליחסיה עם צייר שגר באיטליה, ואסרה עליהם אפילו להתכתב, סיפק מילר את ערוץ התקשורת היחיד בינה לבין אהובהּ. ציורים נשלחו לכיוון אחד, לחנים לכיוון ההפוך; בהחלטה של רגע אחזה פאני בקובץ השירים שעל השולחן ומסרה אותו למילר.

"מספר 2 ו־3 הם שלי," אמרה, "עכשיו לך לפני שאמא תראה אותך."

מילר נשא את רגליו והלך, וליבה של פאני געש בתוכה. היא אהבה את וילהלם אהבת נפש, אבל חששה מאוד מהרגע שבו ישוב מאיטליה ויציע לה נישואין. בין החובות הרבים של רעיה, אם ועקרת בית, חובות שאמהּ ניצלה כל הזדמנות לפרטם, מתי תמצא זמן להלחין ולנגן?

אולי עדיף לא לפרסם תחת השם שלי, חשבה, ממילא הוא עומד להשתנות בקרוב.

מה קורה בסביבה?

הטלטלה באירופה בעקבות **המלחמות הנפוליאוניות** הייתה נקודת מפנה בחייהם של יהודי ברלין. תבוסת הכוחות הצרפתיים ניפצה את תקוותיהם של היהודים לשוויון זכויות על בסיס עקרונות המהפכה, והאיום שגילמו הצרפתים הוביל לחשדנות עזה כלפי רעיונות חדשים. משפחות יהודיות אמידות, שרק שנים אחדות קודם לכן השתלבו באליטה הכלכלית והתרבותית, הבינו שאין סיבה להמתין לשינוי שלא יבוא. מבלי להתריס, ולפעמים ממש בהיחבא, המירו רוב היהודים האמידים בברלין את דתם, מקווים שזה יהיה כרטיס הכניסה שלהם לחברה הגבוהה. זה לא תמיד הצליח: באוגוסט 1819, כשפרעות נגד יהודים פרצו בדרום גרמניה, שוגרה גם כלפי פליקס מנדלסון, שכבר היה נוצרי, קללה אנטי־יהודית עסיסית מפיו של נסיך מקומי. פליקס הצעיר לא העלה על דעתו שבשלב זה יהיה עדיין מטרה לאנטישמיות בוטה.

הרצון לשמר את הרגיעה לאחר תבוסת נפוליאון הביא גם לשינוי מהותי בעולם התרבות. במקום לדון בשצף־קצף על ספרות, פילוסופיה ופוליטיקה, נפגשו משוררים ואנשי חברה במסיבות־גן מעודנות והיללו את הבית, את ערכי המשפחה ואת המולדת. המוזיקה והאמנות בברלין פרחו, אבל ניצחונם הזמני של הערכים הישנים בקרב בני החברה הגבוהה הציב מכשולים עצומים בפני נשים שלא הסתפקו במעמדן המסורתי ושאפו להשתתף בעצמן בעולם האמנותי. במובן הזה היה המעמד החברתי שהוריש אברהם מנדלסון לבתו בעוכריה: ״לו הייתה בת עניים,״ כתב עליה ידיד המשפחה, המבקר האנגלי הנרי צ׳ורלי, ״אולי הייתה עשויה להתפרסם כפסנתרנית מן השורה הראשונה, כמו גברת שוּמאן או גברת פלֶייל[2] ״.

ומה קרה אחר כך?

וילהלם הֶנזֶל, אהובהּ הצייר של פאני, חזר מאיטליה כשהייתה בת עשרים ושלוש ונשא אותה לאישה שנה מאוחר יותר. בזכות נטיותיו האמנותיות הבין בעלה לליבה, וחששותיה מאובדן מוחלט של עולמה האמנותי לא התממשו. בשנות הנישואין הראשונות אומנם הצטמצמה יצירתה למספר לחנים אותם כתבה עבור שיריו של בעלה, אבל אחר כך חזרה שוב לכתוב וניהלה ביד רמה את מסורת הקונצרטים של יום ראשון בבית המשפחה. הקונצרטים, שהחלו כאירוע צנוע ואינטימי, משכו בשיאם כ-300 אורחים, בהם המלחינים הנודעים רוברט שומאן ופרנץ ליסט.

[2] קלרה שומאן (1896-1819; שם נעורים: קלרה ויק) הייתה מלחינה ופסנתרנית גרמניה. בשנת 1840 נישאה למלחין רובר שומאן.
מארי (קמיל) פלֶייל (1875-1811; שם נעורים: מאקֶה) הייתה פסנתרנית ומורה לפסנתר צרפתית־בלגיות נודעת.

המלים המודגשות בכתום מוסברות במילון המונחים.

בעוד פאני מתחזקת את המסורת המשפחתית, פצח אחיה בקריירה מוזיקלית מפוארת. בשנת חתונתה של פאני (1829), יצר פליקס מנדלסון עיבוד מחודש ומרהיב למתיאוס פסיון של באך, וניצח על ביצוע סוחף של היצירה באקדמיה לזמרה של צֶלטֶר, בנוכחות כל נכבדי העיר. אורטוריות וסימפוניות שכתב מנדלסון בוצעו בברלין, בלונדון וברחבי אירופה, והוא ניהל תזמורות בדיסלדורף ובלייפציג, שם גם ייסד בית ספר גבוה למוזיקה. בין השאר זכה מנדלסון לפגוש במלכה ויקטוריה, והיא ביקשה לשיר באוזניו את איטליה, השיר האהוב עליה מתוך יצירתו; לאחר הביצוע נאלץ פליקס לעמוד בהבטחתו ולהודות במבוכה כי לא הוא כתב את השיר, אלא אחותו.

אותה אחות לא זכתה לקריירה של ממש כפסנתרנית או כמלחינה; פרט לקונצרטים המשפחתיים הופיעה פאני מנדלסון בפני קהל רק שלוש פעמים במהלך חייה. אבל בשנות ה-40 של המאה ה-19 החלו הזמנים להשתנות, והעולם דובר הגרמנית השתחרר בהדרגה מקיפאונו המחשבתי. בשנת 1846, בעידודו הפעיל של בעלה ומבלי לשאול לדעתו של אחיה, פרסמה פאני אסופה של שירים שהלחינה לאורך השנים, תחת שמה החדש, פאני הֶנזֶל. זו הייתה יכולה להיות התחלה של קריירה נאה, אילולא הלכה פאני לעולמה כתוצאה משבץ מוחי שנה מאוחר יותר, בגיל 42 בלבד.

פאני מנדלסון

אברהם מנדלסון-ברתולדי

וילהלם הנזל

בית מנדלסון, יֶגֶרשטראסֶה 51.
כאן היה ביתה הראשון של פאני
מנדלסון בברלין והתקיימה מסיבת
יום ההולדת לאביה, אברהם.

ז'נדארמֶנמָרקט; משמאל הכנסייה
החדשה (דאז כנסיית ירושלים), שבה
נטבלו בני משפחת מנדלסון לנצרות.

תיאטרון מקסים גורקי,
לשעבר האקדמיה לזמרה.

בעקבות
פאני מנדלסון

פרדיננד לָסָל ומורדי 1848

תעודת זהות

שם: **פרדיננד לָסָל**

תאריך לידה: 11 באפריל 1825

מקום לידה: בּרֶסלָאוּ, שלזיה (כיום ורוצלאב, פולין)

כתובות: אוּנטֶר דֶן לינדֶן, ליד האוניברסיטה; מאוחר יותר גר בפוטסדאמֶר שטראסֶה פינת אָייכְהוֹרנשטראסֶה ולבסוף בדירת פרטר בבּלוּושטראסֶה 13. למד באוניברסיטת פרידריך־וילהלם, כיום אוניברסיטת הוּמבּולדט.

ידוע בזכות: הקמת חוג סוציאליסטי, שהיווה השראה למורדי 1848 בברלין ובדיסלדורף

באיזה גיל? 19-23

ומה עוד? מגיל 21 הוביל מאבק משפטי ממושך שבמהלכו סייע לברונית שבעלה נישל אותה מנכסיה להתמודד עם מערכת המשפט המושחתת.

עקבות נוספים:
רחוב לָסָל בשכונות קָאוּלסדוֹרף וראנסדוֹרף

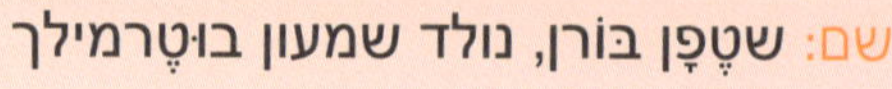

שם: **שטֶפָן בּוֹרן, נולד שמעון בוּטֶרמילך**

תאריך לידה: 18 בדצמבר 1824

מקום לידה: ליסָה, מחוז פוֹזֶן (כיום לֶשנוֹ, פולין)

כתובת: לא ידועה

ידוע בזכות: השתתפות בהקמת "הוועד הכללי של העובדים", שלאחר מכן היה לנשיאו; הפצת עלונים שקראו לשיפור מעמדם של פועלי הדפוס; השתתפות במהפכות 1848.

באיזה גיל? 20-24

ומה עוד? ייסד את "ברית האחים הכללית של פועלי גרמניה", ארגון העובדים הגדול ביותר בתקופת המהפכה.

עקבות נוספים: רחוב שטֶפָן בּוֹרן ברובע הֶלֶרסדוֹרף

שם: **אלכסנדר ומוריץ גולדמן**

תאריך לידה: 1830, 1827

מקום לידה: ברלין

כתובת: גרו בפוטסדאם; נקברו בבית הקברות היהודי שֶנהָאוּזֶר אָלֶה.

ידועים בזכות: הקריבו את חייהם למען ניצחון הדמוקרטיה במרץ 1848.

באיזה גיל? 18, 21

רעמי החירות

12 ביוני 1844

בשעת צוהריים שטופת שמש, ביום שלישי בשבוע, פילס פרדיננד לָסָל את דרכו בכיכר בית האופרה ההומה. נותרו לו רק עשרים דקות להספיק להגיע לבית הדואר, לשלוח את המכתב הארוך שכתב לאביו ולחזור בזמן לשיעור לוגיקה ומטאפיזיקה אצל הפרופסור גאבלֶר. אבל למרות החיפזון משך אחד הנוכחים בכיכר את תשומת ליבו של הסטודנט להיסטוריה ולפילוסופיה, והוא עצר להביט במעשי האיש הצעיר. הוא לא היה סטודנט, אלא נראה יותר כפועל ייצור: ידיו היו מכוסות כתמים שחורים, זקן שחור פרוע עיטר את פניו והוא לבש בגדי עבודה גסים, שונים כל כך מחולצת־הכפתורים האלגנטית שפרדיננד הוציא עליה הון. אבל במקום לשבת לאכול בראטְווּרסט לארוחת הצוהריים, הוא אחז בידיו ערימה של עלונים מודפסים, אותם חילק בהתלהבות לעוברים ולשבים.

"קח ותקרא!" קרא הצעיר ותחב לידיו עלון צפוף־אותיות, שבראשו התנוססה הכותרת "הצילו את פועלי הדפוס". פרדיננד תחב את העלון לכיסו במהירות. הוא יקרא אותו מאוחר יותר, אבל עכשיו היה לו חשוב יותר למהר ולטפוח על כתפו של הפועל הצעיר, שהחל להתרחק לעבר הספרייה המלכותית.

"סליחה," אמר, "מי כתב את העלון הזה?"

"אני" העיד הצעיר בחיוך. "שמי שטֶפָן ואני סדר דפוס."

"פרדיננד לָסָל," אמר פרדיננד והושיט את ידו ללחיצה. "נעים להכיר. ומטעם מי אתה מחלק אותו?"

שטֶפָן סקר את בן שיחו בזלזול והצביע על חותמת בתחתית הדף.

"אגודת הפועלים של ברלין", אמר.

"לא ידעתי שיש דבר כזה." ענה פרדיננד.

שטֶפָן החווה בביטול לעבר ארמון הנסיך היינריך, הבניין הראשי של האוניברסיטה. "אם אתה והחברים שלך הייתם מפסיקים לנבור בכתבי יד בלטינית ויוצאים פעם לרחובות העיר, אולי הייתם יודעים."

הוא פנה ללכת, מפנה את גבו לפרדיננד ששקע במבוכה רגעית, ואז הבין מה עליו לעשות. המכתב לאביו בער בכיס חולצתו, והוא ידע

מה עליו לעשות.

"חכה רגע," קרא אחרי שטֶפָן. "שמעת על מרד האורגים בשלזיה?"

שטֶפָן הסתובב באחת והביט בהפתעה מהולה בהערכה בצעיר בעל השיער החום המתולתל.

"אני מבּרֶסלָאוּ," הסביר פרדיננד, "ואני גם חבר בחוג הקריאה הסוציאליסטי של הפקולטה. היינו בדיוק באמצע קריאה של אֶנגֶלס כשהגיעו החדשות."

פניו של שטֶפָן התמלאו דאגה. "אני מקווה שאין לך חברים שם. המלך אולי טוען שאכפת לו מאורגים רעבים, אבל הוא בעיקר מפחד מהקומוניסטים. עכשיו, כשהמהומות דעכו, יעצרו שם את כולם."

פרדיננד העריך את כנותו ודאגתו של פועל הדפוס, אבל לא לתגובה הזו כיוון: היה לו חשוב להראות לשטֶפָן שהם באותו צד של המתרס. בהחלטה של רגע שלף את המכתב מכיסו, קרע את המעטפה והחל לקרוא בקול מתוך הדף, לתדהמת ההולכים בכיכר.

"שומעים רעמים באופק?" קרא פרדיננד את המלים שכתב לאביו, "אל תפחדו, זה יעבור בשלום הפעם, וגם בפעם הבאה - אבל אז זה יצליח. הזמן נקרע מציריו; אשרי שנולדתי להשיב אותו למקומו[3]."

"היזהר!" קרא שטֶפָן ותפס בידו של פרדיננד, מציל אותו ברגע האחרון מכרכרה מעוטרת בסמל אבירים שדהרה במהירות לעבר בית האופרה והתיזה טיפות בוץ על בגדיו ועל המכתב.

"אילולא הייתי כאן, לא היית יכול להשיב כלום למקומו", ציין שטֶפָן.

"תודה", ענה פרדיננד בעודו מסדיר את נשימתו.

"אתה באמת מאמין שזה יקרה?" שאל שטֶפָן, בוחן בתסכול את העלונים שהתמלאו בבוץ.

פרדיננד ניקה את פניו בממחטתו.

"זה יקרה אם נהיה כולנו מאוחדים," אמר, "סטודנטים יהודים, אורגים קתולים, פועלי דפוס פרוטסטנטים, כולם. אנחנו הרוב, אנחנו העם, והם..." הוא הצביע על הכרכרה המתרחקת, "הם העבר שחייב לפנות את הדרך."

[3] זהו ציטוט מדויק ממכתבו של לסל לאביו. במשפט האחרון רומז לסל לציטוט ידוע מתוך המערכה הראשונה של המלט (הוא אינו מעלה בדעתו שעובד הדפוס לא בהכרח מכיר את המחזה). הציטוט המקורי (בתרגום שלונסקי): "נָקַע גַּלְגַּל הַזְּמָן, חָרַג מֵעַל כַּנּוֹ; אֲבוֹי לִי כִּי עָלַי לָשׁוּב לְהַתְקִינוֹ!"

המלים המודגשות בכתום מוסברות במילון המונחים.

18 במרץ 1848

שטֶפָן בּורן התנשף. הכרכרה שבה הגיע מהאנובר הורידה אותו בשער בראנדנבורג, וכדי להספיק להפגנה הגדולה היה עליו לרוץ את כל אונטר דן לינדן - ורק אז להבין שההפגנה לא נערכת במדשאות הגן המלכותי אלא בכיכר המרוצפת אבנים מעברו האחר של הארמון.

כשהגיע, הבין מייד שאיחר את המועד; הקהל הגדול שהצטופף בכיכר השמיע קריאות שמחה וצהלות. "הידד לדמוקרטיה" הם צעקו, "ניצחון לפועלים", ומתוך שברי המשפטים שנאמרו סביבו הבין כי המלך נאם ממרפסת הארמון כשעה קודם לכן, וכי הוא קיבל את כל דרישותיהם של המורדים והכריז על הקמת פרלמנט דמוקרטי ועל איחוד מהיר ככל האפשר של פרוסיה עם שאר המדינות הגרמניות.

"זה היה מדהים", תיאר בהתלהבות בחור בחולצה מוכתמת, שאחז בידו עלון מקומט. "כשהוא יצא, כולם הניפו את הכובעים באוויר. נתנו לו כבוד. בכל זאת, הוא המלך."

שטֶפָן חשב לעצמו שבפריז, שם ביקר לפני כשנה, הפרידו המהפכנים את ראשו של המלך מגופו, ואילו בברלין הם מורידים את הכובע ומקפידים לא לדרוך על מדשאות הגן.

"ממש מהפכה מנומסת", אמר לבסוף, אבל בן שיחו לא הבין את האירוניה.

"אלכסנדר גולדמן," הציג את עצמו. "אני עוזר צבע."

"טוב לראות יהודים בין הלוחמים למען הדמוקרטיה", אמר שטֶפָן וחייך, מצביע על העלון המקומט. "אני אומנם כבר לא בן דת משה, אבל עדיין מזהה את האותיות. אפשר לראות?"

אלכסנדר הגיש לו את העלון, שהיה כתוב בתערובת של יידיש ובּרלינֶריש. "איזה בחור בשם הֶרש כותב ומפיץ אותם", אמר

שטֶפָן ניסה לקרוא את העלון, אבל לפני שהספיק נשמע לפתע קול נפץ עז, ואחריו עוד אחד.

"יורים עלינו!" צעק אלכסנדר, "תראו!"

שטֶפָן עקב אחר אצבעו של הצבע וראה את פרשי המשמר פורצים מדלתות האורווה המלכותית ודוהרים אל תוך ההמון. "להתפזר!" צעק מישהו, והקהל נמלט לכל הכיוונים. שטֶפָן הספיק לראות את אחד הפרשים מכה באלה בראשו של אלכסנדר ומפיל אותו אל הקרקע, בטרם נשאו אותו רגליו אל אחד הרחובות הסמוכים.

כשעצר סוף סוף, רקצה יֶגֶרשטראסֶה, ראה שטֶפָן מולו קבוצה

של מפגינים עורמת דוכני ירקות, שברי כרכרות ורהיטים למחסום מאולתר.

"זה אתה!" קרא אחד מהם, "שוחחת עם אחי רגע לפני היריות. ראית מה קרה לו?"

שטֶפָן טיפס על הבריקדה המאולתרת. בקול שקט סיפר למוריץ גולדמן על הפרש האלים שתקף את אחיו ולבטח פצע אותו קשות. האיש הגדול קבר את פניו בידיו ובכה ללא קול. נער מתולתל, שענד על צווארו צלב גדול, הניח את ידו ברוך על כתפו של מוריץ. לפתע הרים פניו לשמיים, קרא בקול "נקמה!" וטיפס לראש הבריקדה, מנופף לבֵנה אדומה שנעקרה מאחד הקירות בסביבה. כאן על הבריקדות", אמר לכיוונו של מוריץ, "אין נוצרים או יהודים. כאן כולנו אחים. כולנו גרמנים."

קולות ירי הדהדו מרחוק. בקרוב יחל שוב הקרב. שטֶפָן עצם את עיניו ותהה לאן התגלגל הסטודנט היהודי שפגש לא הרחק מכאן לפני ארבע שנים. אתה שומע, פרדיננד? הרעם הגיע, והזמן נקרע, בדיוק כמו שאמרת.

הוא הרים לבנה והניף אותה באוויר. אחרי הקרב, חשב, נשיב את הכל על מקומו.

22 במרץ 1848

הרחובות סביב זָ'נדארמֶנמָרקט המו אדם, ושטֶפָן בּורן הצליח רק בקושי לפלס את דרכו לכיכר. למראה ההמונים הלבושים במיטב בגדיהם ומניפים דגלי אדום־שחור־זהב ניתן היה לחשוב שהעיר חוגגת, אילולא ניכר עדיין בחזיתות הבתים והחנויות שביל ההרס שהותירו אחריהם קרבות הרחוב.

שטֶפָן האיץ את צעדיו. בימים האחרונים השקיע את עצמו בניסיון להקים מחדש את אגודת הפועלים שלו, וכמעט שכח לקום משולחן העבודה ולבוא לחלוק כבוד לחבריו שנפלו. כשהגיע לכיכר כבר החלו הנוכחים להעמיס על כתפיהם את ארונות המתים ולקחת אותם לעבר אונטר דן לינדן.

"'תָה בא לעזור?" שמע לפתע קול מוכר. היה זה הנער המתולתל שלצידו לחם על הבריקדה ימים אחדים קודם לכן. שטֶפָן הנהן והצטרף לנער תחת אחד הארונות. דקות ארוכות צעדו בשתיקה, עד ששטֶפָן לא יכול היה כבר לעצור בעצמו.

"גולדמן כאן?" שאל בזהירות. ביומיים האחרונים ניסה ללא הועיל לאתר את חבריו לקרב.

"לא," הניד הנער בראשו, ובקול רווי צער הוסיף, "את האחים גולדמן לקחו לבית הקברות היהודי."

שטֶפָּן חיפש את המלים לנחם את חברו, אבל בטרם הספיק לומר דבר נשמע קול גדול מההולכים לפניהם. הוא הרים את ראשו וראה את המלך וכל שריו עומדים דומם בחזית הארמון העירוני, לבושים שחורים. נסער כשהיה, נדרשו לו מספר שניות כדי להבין מה היה יוצא דופן במחזה: המלך הותיר את כתרו בארמון ועמד גלוי ראש מול הארונות, חולק למתים כבוד אחרון.

"הם העבר שחייב לפנות את הדרך", נזכר לפתע בדבריו של פרדיננד לסל, הסטודנט היהודי אותו פגש לפני מספר שנים. לסל, כך הספיק שטפן לברר, עבר בינתיים מברלין לדיסלדורף, אבל הדברים שאמר קרמו עתה עור וגידים נגד עיניהם. מי היה מאמין שהמלך יסיר את כובעו בפני הפועלים, כשרק לפני ימים מספר זה היה להיפך?

זה קורה, הוא חשב, וזה חייב להמשיך לקרות. אסור לעצור עכשיו.

"תגיד," שאל את הנער המתולתל, "במה אתה עובד?"

"אני? שוליית מכונאי במפעלי הרכבת של בּוֹרזיג."

"אז אולי אתה רוצה לעזור לי ולאגודת הפועלים לארגן שם שביתה בחודש הבא?"

הם לחצו ידיים מתחת לארון המתים, והמשיכו לצעוד.

מה קורה בסביבה?

בזמן ששטֶפָּן בּוֹרן והאחים גולדמן לוחמו בברלין, היה פרדיננד לָסָל אכן בדיסלדורף, שם היה חבר ב"ברית הקומוניסטים" שהקימו מרקס ואֶנגֶלס, כתב מאמרים לעיתון המהפכני נוֹיֶיה רָיינישֶׁה צָייטוּנג וארגן את כוחות המורדים בעיר. בנובמבר אותה שנה כתב מאמר שבו קרא לאזרחי העיר לאגור נשק ולהתכונן למאבק, מה שהוביל למאסרו ולכך שנמנע ממנו להשתתף בהתקוממות שאירעה בהשראתו.

המרידות בברלין ובדיסלדורף היו חלק קטן מגל עצום ששטף את אירופה בשנים 1848-49, תקופה המכונה "אביב העמים". ההתקוממויות העממיות, שהחלו בצרפת בפברואר 1848, לבשו צורה שונה במקומות שונים ביבשת, אבל לרוב דרשו המפגינים חופש משלטונם השרירותי של מלכים עריצים, הקמת פרלמנט דמוקרטי ושוויון בפני החוק. במדינות הדוברות גרמנית נוספו גם דרישות

להפרדת הדת מהמדינה ולאיחוד כל הממלכות הקטנות למדינה אחת.

בהתקוממויות שיתפו פעולה סטודנטים, בורגנים ופועלים, ולחמו בהם יהודים רבים, שנענו לקריאות נלהבות בכתבי העת של הקהילה להתעורר ולקחת את גורלם בידיהם; העלון שראה שטפן היה אחד מני רבים שהפיץ המוציא לאור היהודי שמואל לֶבֶּנְהֶרץ תחת שם העט יצחק מוזס הֶרש. לפחות שמונה יהודים זוהו בשמותיהם בקרב 270 ההרוגים בקרבות מרץ 1848 בברלין, ומקורות מהתקופה טוענים שהיו בקרבם יותר מ-20.

לכבוד הרוגי הקרבות נערך טקס אבל רשמי בכנסייה הגרמנית בזָ'נדארמֶנמָרקט בהשתתפות כומר קתולי, כומר פרוטסטנטי ורב יהודי. לאחר מכן נקברו "הנופלים של מרץ", כפי שכונו, בקבר אחים על גבעת עצי התרזה (כיום חלק מהפארק העירוני של פרידריכסהיין) - פרט ליהודים אחדים, בהם האחים גולדמן, שנטמנו בבית העלמין היהודי בשֶׁנהָאוּזֶר אָלֶה.

ומה קרה אחר כך?

במהלך רוב שנת 1848 נראה היה שהמהפכה השיגה את מטרת העל שלה - הקמת אסיפה לאומית נבחרת, שהתכנסה ב-18 במאי בפרנקפורט. אך למרבה הצער לא הייתה ההצלחה הראשונית סימן לבאות. באחדות ממדינות גרמניה הצליחו אומנם נציגי המורדים להעביר חוקה ליברלית (שכללה, במספר מקרים, גם שוויון זכויות מלא ליהודים), אבל הפרלמנט בפרנקפורט הסתבך במהרה בדיונים אינסופיים ולא הצליח לקדם את רעיון המדינה הגרמנית המאוחדת. במהרה התבררה ההתנהלות ה"מנומסת" של המתקוממים, שהותירו לא מעט כוח בידי השליטים הוותיקים, כטעות מרה: במהלך משולב, שכלל רפורמות מסוימות כדי לרצות את המפגינים המתונים יותר, ויד קשה כלפי המנהיגים הרדיקליים, בהם ראשי הקומוניסטים, הצליחו בתי המלוכה של גרמניה (ושל אירופה כולה) להחזיר לידיהם את השלטון ולבטל רבים מהישגי המהפכה. אחד המנהיגים שנאלצו לצאת לגלות היה שטֶפָן בּוֹרן, שלאחר השביתות שארגן בברלין הוביל התקוממויות גם בדרזדן ובּבאדֶן - אבל ב-1849 נאלץ להגר לשוויץ, שם עבד כמורה, כמרצה וכעורך עיתון, ומעולם לא שב לתנועת הפועלים.

עם זאת, בדיוק כפי שחזה פרדיננד לָסָל, את הרעם המתגלגל לא ניתן היה לעצור. בשנים הבאות נאלצו המלכים להעניק עוד ועוד חופש לנתיניהם ולהרחיב את זכות הבחירה לפרלמנט. התהליך הגיע לשיאו (אם כי ממש לא בדרך שבה תכננו הקומוניסטים) בשנת 1871, כשהממלכות של גרמניה התאחדו לאימפריה אחת, עם פרלמנט

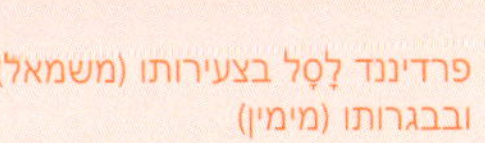

פרדיננד לָסָל בצעירותו (משמאל) ובבגרותו (מימין)

שטֶפָן בּוֹרן

דמוקרטי אחד. לָסָל עצמו, שלא נאלץ לצאת לגלות מכיוון שהיה בכלא ולא לקח חלק פעיל בהתקוממות, חזר בהדרגה לפעילות ציבורית ופוליטית. בשנת 1863, לאחר בקשות רבות מחבריו בתנועה, נאות לעמוד בראש מפלגה חדשה, "אגודת הפועלים הגרמנית הכללית", שהפכה מאוחר יותר למפלגה הסוציאל־דמוקרטית הגרמנית הקיימת עד היום.

הבריקדות בברלין

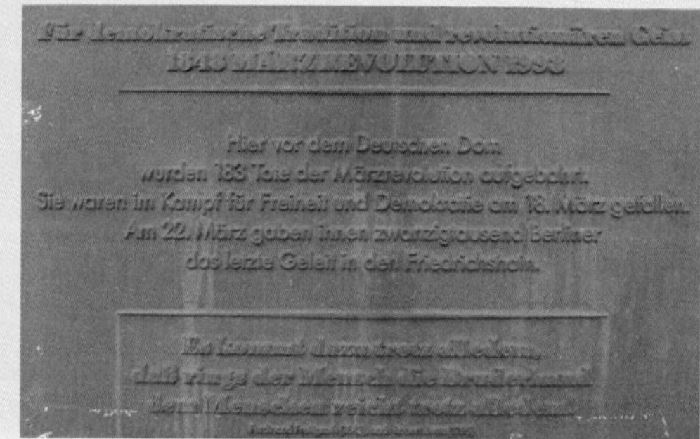

לוח זיכרון למורדי 1848 בז'נדארמֶנמָרקט

אוניברסיטת
פרידריך-וילהלם
בסביבות שנת 1850,
כיום אוניברסיטת
הומבולדט

כיכר האופרה
(היום כיכר בבל)

הנחת גופות הנופלים במהומות מרץ (אדולף מֶנצֶל). בציור זה נראה הטקס שנערך בז'נדרמנמרקט לזכר קורבנות המרד של 1848.

Bebelplatz	כיכר בבל
Humboldt-Universität, davor Friedrich-Wilhelm-Universität	אוניברסיטת הומבולדט, בעבר אוניברסיטת פרידריך-וילהלם
Schlossplatz, Ort der Demonstration 1848	כיכר הארמון (שלוֹספלאץ), אתר ההפגנה של מרץ 1848
Barrikade 1848	בריקדה (1848)
Gendarmenmarkt	ז'נדארמֶנמַרקט
Gedenktafel der 1848 Gefährten	שלט זיכרון לנופלים במרידות 1848

בעקבות המורדים של 1848

אדולף יאנדורף

תעודת זהות

שם: **אדולף יאנדוֹרף**

תאריך לידה: 7 בפברואר 1870

מקום לידה: הֶנגסטפֶלד, באדֶן־וירטֶמְברג

כתובות: שפּיטֶלמָרקט, פינת לָייפציגֶר שטראסֶה (מגורים ובית כלבו ראשון); טָאוּאֶנצִיינשטראסֶה (קָה.דֶה.וֶה); נקבר בבית הקברות היהודי וָייסֶנזֶה.

ידוע בזכות: הקמת בית עסק מצליח לממכר פריטי טקסטיל ושיווק כרית רקומה שהפכה למוצר חובה בכל בית

באיזה גיל? 22

ומה עוד? בהמשך ייסד את בית הכלבו הכי ידוע בברלין, הקָה.דֶה.וֶה

עקבות נוספים: בית הכלבו יאנדורף אָם וָיינבֶּרג בּרוּנֶע מיטֶה

הצעיר החצוף מהמבורג

ערב שבועות, 31 במאי 1892

"חג שמח, מר מָנהָיימֶר."

האיש הצעיר עם הבלורית והשפם המהודר, שעצר את אלפרד מָנהָיימֶר בכניסה לחנות האופנה המשפחתית, לא נראה אדוק במיוחד: בגדיו היו עשויים במיטב האופנה, עיניו בערו בניצוץ שובבי והוא אחז בידו מזוודה שחורה גדולה. אבל בכך שבירך את הבעלים לרגל חג השבועות, הוא ביקש להבהיר שגם הוא יהודי. למָנהָיימֶר היה ברור שעכשיו תבוא בקשת עבודה, והוא כבר הכין את מילות הסירוב המנומסות, אבל הצעיר הפתיע אותו.

"יאנדורף. אדולף יאנדורף," הוא הושיט את ידו ללחיצה כמו איש עסקים מנוסה. "באתי מהמבורג ואני רוצה להציע משהו שיקפיץ לך את העסק."

אלפרד היסס.

"חזרת מוקדם מהמסעדה כי הפגישה שלך בוטלה." המשיך אדולף במהירות, "אני יודע שיש לך לפחות חצי שעה." במשך כל השבוע הוא הפעיל כמה נערים שיתחקו אחר האחים מָנהָיימֶר ויזעיקו אותו כשאחד מהם מתפנה. בית הכלבו המפואר שלהם ברחוב אבֶּרְוָאל היה השני בחשיבותו בכל האזור - ואם יצליח למכור להם, גם אצל גֶרסון יתעניינו במוצריו.

"אני מעריך את היוזמה שלך", אמר אלפרד לאחר הרהור קצר והזמין את הצעיר למשרדו. אדולף חייך. זאת הייתה התגובה שאליה כיוון, התגובה שהתרגל לקבל מאנשי עסקים בוגרים ממנו מאז שובו מניו יורק, שנתיים קודם לכן. שם, בעיר המהירה כל כך, פיתח את היכולת לחשוב מהר ולהסתגל למצבים חדשים - בדיוק אותה יכולת שהביאה אותו עד כאן.

בעוד אלפרד מוביל אותו ברחבי החנות המפוארת, שמעל קולביה התנוססו שמות מלונדון ומפריז, נזכר אדולף באותו אחר צוהריים גשום שבו קיבל מברק בהול ממר פרָאוּשטֶטֶר, המנהל הישיר שלו, שהורה לו לנסוע להמבורג במהירות האפשרית. אחרי שאסף אותו מתחנת הרכבת, סיפר לו פרָאוּשטֶטֶר שבבוקר למוחרת יש לו ראיון עם מנהל החברה, מר אֶמדֶן, בנוגע לאפשרות לפתוח זיכיון של רשת הטקסטיל שלהם בברלין. הייתה זו הזדמנות שאין כמותה, והוא בילה את כל

הלילה בבית הקפה, מתכנן את צעדיו. למוחרת בבוקר נכנס למלון, רק כדי להתקלח ולהתגלח, והופיע מול הבוס בתשע בבוקר בדיוק.

אֶמדֶן, שהיה במצב רוח טוב, הסביר שיש לחברה הכנסות עודפות של 500 מארק, אותן הוא מעוניין להשקיע בחנות בברלין. ״אתה מכיר את ברלין, נכון?״ שאל, ואדולף ענה, ״את ברלין? כמו את כף ידי״, אף כי מעולם לא ביקר בעיר. וכך, שישה שבועות אחר כך, הוא מצא את עצמו מנסה לסגור עסקה עם אחד מאנשי העסקים החשובים ביותר בתחום.

מָנהָיימֶר התיישב לאחור בכיסאו המרופד והדליק סיגר. אדולף הביט בו בתאווה, אבל ידע שעדיין לא הגיע למעמד מספיק קרוב בכדי לבקש אחד. הוא הניח את המזוודה על השולחן ופתח אותה באחת.

״דמיין לעצמך איך ייראו מעילי הגברים של מָנהָיימֶר עם כפתורי הכסף המעודנים האלה,״ אמר והצביע על אחת הדוגמאות במזוודה. ״או ז׳קטים לנשים עם רקמת תחרה מעודנת״, המשיך. ״האפשרויות בלתי מוגבלות.״

מָנהָיימֶר קימט את מצחו. ״את מי אמרת שאתה מייצג?״ שאל.

יאנדורף שלף מכיס המקטורן קופסה כסופה, ומתוכה הוציא אחד מכרטיסי הביקור שהגיעו בדיוק אתמול מהדפוס. ״א. יאנדורף מהמבורג, בית ממכר סיטונאי לכפתורים, סרטים ורוכסנים״, קרא מָנהָיימֶר לאחר שהרכיב את משקפיו.

יאנדורף הנהן. הוא ידע שמר אֶמדֶן מעדיף שכל החנויות ייקראו בשמה של החברה־האם, אבל אחרי שהקדיש את ימיו ולילותיו להקמת העסק, הוא לא יכול היה לדמיין אותו בשם אחר. בזווית העין תפס את מָנהָיימֶר מתבונן בעניין באחד הרוכסנים שהניח בקצה האחורי של המזוודה, ומייד ידע מה עליו לעשות.

בתנועה חלקה הציץ בשעון ואז סגר את המזוודה. ״אני מצטער, יש לי פגישה עם האחים הֶלֶר בעוד חמש דקות. אבל אנחנו פותחים בשני הקרוב, בתשע בבוקר, בשפיטֶלמָרקט. אתה מוזמן לבוא לראות.״

ספטמבר 1892

״חולירע, חולירע, חולירע!״ קילל אדולף יאנדורף בקול וקימט לכדור את המכתב הרשמי מהנהלת החברה. הוא ידע ששומעים אותו בחלל החנות, אבל מצד שני, מה הסיכוי שמישהו ייכנס לבית עסק שהשם ״המבורג״ מתנוסס מעליו, בעת שבכותרות העיתונים מתנוססות ידיעות על מגיפת החולירע המשתוללת בעיר הצפונית. ובנוסף לכל הצרות, גם המכתב הזה.

הוא ידע, כמובן, שזה יבוא: מר אֶמדֶן היה אומנם מרוצה מהדיווחים על הרווחים הנאים בחודשיים שלפני המגיפה, אבל עכשיו, כשהחליט להתעמק בדו״ח הרבעוני, הוא רתח מזעם על הצעיר החצוף, שהעז לרשום את שמו במסמכים הרשמיים. ״אני מצפה לטיפולך המהיר בעניין עוד בשנה זו,״ דרש הבוס במכתבו הזועם, ולאדולף כבר לא היו אפילו נתוני מכירות מרשימים להראות לו.

הוא ניגש לשולחן הסמוך, התיישב מול מכונת הכתיבה והחל להקליד באצבע אחת, מחפש כל אות בנפרד; המזכירה, אותה שכר רק בשבוע שעבר, איחרה משום מה להגיע. בשורה השלישית, בדיוק אחרי שכתב ״ואם זה לא מוצא חן בעיניך, אני עוזב את החברה״, נכנסה סוף סוף המזכירה המאחרת, כולה התנשפויות והתנצלויות.

״אני ממש מצטערת, מר יאנדורף,״ אמרה, ״אני פשוט... לא התעוררתי.״

הוא קם ממקומו והורה לה לשבת. לפחות היא לא חושבת שאני מידבק, הרהר.

״אתה יודע איך זה,״ המשיכה הקלדנית בחצי חיוך כשתפסה את מקומה, ״לפעמים פוקחים את העיניים, והכרית פשוט מפתה אותך לישון עוד קצת.״

אדולף לא ידע ״איך זה״. בשלושת החודשים האחרונים הוא ישן פחות מארבע שעות בלילה, מצונף על מזרון בחדר האחורי. ״הכרית מפתה אותך עוד לישון??״ שאל בכעס. לו היה עונה ככה לממונים עליו, מעולם לא היה מתקדם בחברה. הוא עמד לגעור בה, אבל לפתע עצר בעצמו; אדולף יאנדורף ידע לזהות רעיון עסקי מוצלח כשנתקל בו.

״שימי את המכתב הזה בצד,״ הורה לקלדנית, ״במר אֶמדֶן נטפל אחר כך. עכשיו כתבי הזמנה לספקים: אני צריך 30,000 כריות, עם רקמה בכתב יד.״

הקלדנית עיוותה את פניה בתהייה. ״ומה אמור להיות כתוב שם?״

״רק עוד רבע שעה, טוב?״ אמר אדולף וחייך.

מה קורה בסביבה?

סוחרים יהודים מילאו תפקיד ראשי בעסקי הטקסטיל בברלין הרבה לפני שאדולף הצעיר הגיע לעיר. חברת המעילים של אלפרד מָנהָיימֶר נוסדה בידי אביו, וָלֶנטין, כבר בשנת 1836, כשהיה בן 21; את סכום

המלים המודגשות בכתום מוסברות במילון המונחים.

ההשקעה הראשוני בחברה השיגו ולנטין ואחיו מזכייה בלוטו. אבל "האחים מָנהָיימֶר", שהובילו את אופנת העילית ופתחו סניפים בפריז ובלונדון, היו רק בית הקונפקציה השני בחשיבותו ב"רובע האופנה" היהודי באזור הָאוּספוֹגטָאיפְּלאץ. הבכורה בתחום הזה הולכת לבית הממכר גֶרסוֹן, שנפתח ב-1849 קצת מצפון לשם. הרמן גֶרסוֹן סיפק אופנה עילית לבית המלוכה ולתושבי ברלין, והחברה שהקים התמקדה לא רק במוצרים אלא גם בחוויית הקנייה, שבאה לידי ביטוי בתאי המדידה, בעיצוב ובשירות אדיב ומקצועי. לצד סוחרים יהודים נוספים באזור עיצבו משפחות מָנהָיימֶר וגֶרסוֹן את חנות הבגדים המודרנית - מבנה גדול ומפואר שבו מוכרים בגדים איכותיים, מוכנים־מראש, בכמויות גדולות ובמחירים סבירים.

חשוב לציין שעד אותה תקופה לא היה בגרמניה ייצור המוני של אופנה איכותית. מי שהיו עשירים מספיק נהגו ללכת לחייט, שערך מדידות על גופם ותפר בגדים בהתאמה אישית - אבל רוב האוכלוסייה, שהייתה יכולה להרשות לעצמה את התענוג רק פעם או פעמיים בחיים, הסתפקה בבגדים שנתפרו בבית או במעילים, ג׳קטים ושמלות ששימשו לפני כן את השכבות האמידות יותר. את המהפכה הזו בתחום הביגוד הובילו משפחות יהודיות כמו מָנהָיימֶר וגֶרסוֹן, שהפכו לשם דבר בברלין.

עסקי הטקסטיל היהודיים פרחו עוד יותר בתקופה הקיסרית, שהחלה עם כינון האימפריה הגרמנית בשנת 1871, והגיעה לשיאה עם עלייתו של וילהלם השני על כס המלוכה, בשנת 1888. הקמת האימפריה הובילה לשנים רבות של פריחה כלכלית ולהשגת היעד שיהודים נאבקו עבורו מאז ימי מנדלסון - שוויון זכויות. מעתה, יהודים היו רשאים להשתלב בכל מקום בחברה - באקדמיה, בממשל, בתעשייה ואפילו בשורות האצולה - גם אם גישות אנטישמיות, שהיו עדיין נפוצות באוכלוסייה, הערימו קשיים לא מעטים על דרכם.

השגשוג והחופש עודדו יזמים יהודים לפתח את עסקיהם במגוון כיוונים. פיליפ פרוֹידֶנבֶּרג, אשר ירש את החברה של גרסון, פתח בשנת 1891 סניף חדש, מרהיב ביופיו; אֶמדֶן שלח את אדולף הצעיר לפתוח סניף בברלין; ושתי משפחות החליטו לפרוץ מתחום הטקסטיל והאופנה ולהביא לגרמניה את בית הכלבו המודרני. בשנת 1890 פתחו גיאורג והוגו וֶרטהָיים חנות ראשונה מסוג זה ליד כיכר מוריץ בקרויצברג, ועשר שנים מאוחר יותר נכנס לתחום גם הרמן טיץ, שבבעלות משפחתו כבר הייתה רשת כלל־גרמנית של חנויות אופנה עצומות, ופתח את רשת "האחים טיץ", שמאוחר יותר נודעה בשם "הֶרטי" והפכה למושג המוכר בכל בית גרמני.

אדולף יאנדורף

ומה קרה אחר כך?

ההימור של יאנדורף הצליח: מכתב האיום ששלח לאֶמדֶן שכנע את האחרון לאפשר לו להחזיק את העסק תחת שמו, והכרית הרקומה עם המסר המרגיע הייתה ללהיט ונמכרה ביותר ממיליון יחידות בשנים הבאות. ההכנסות אִפשרו ליאנדורף להתמסד - הוא התחתן עם מרגָרֶטֶה הירשפֶלד ונולד לו בן - אבל הוא לא הפסיק לעבוד לרגע, וכשפתח בשנת 1898 חנות בגדים גדולה ברובע קרוֹיצבֶּרג הוא היה מעורב בכל הפרטים, מהחשבונות ועד לקישוטים. ברוח הזמן נטש יאנדורף את המכירה הסיטונאית, והחנות שהקים, בשטח של 300 מ״ר, הוגדרה כ״בית ממכר עממי״ והתמקדה בפנייה לכוח הקנייה הלא־מנוצל של מעמד הפועלים.

שתי החנויות הפכו במהרה לרשת, ותוך שנים מעטות כבר ניגש יאנדורף לאתגר הבא - הקמת בית כלבו יוקרתי וייחודי, בשטח של 24,000 מ״ר, בפרברים המערביים של ברלין. מכיוון שקהל הלקוחות המיועד לא היה הפועלים הפעם, אלא האליטה הגנדרנית של התקופה הקיסרית, נמנע יאנדורף מהצמדת שמו למיזם החדש, ופשוט קרא לו ״בית הממכר של המערב״ (או בקיצור קָה.דֶה.וֶה). הכלבו המודרני והיפהפה הפך עד מהרה לשיחת היום, והיה אחראי במידה רבה להתפתחות הקוּ׳דאם והסביבה כמרכז המסחרי של מערב ברלין.

למרבה הצער, המשבר הכלכלי שהיכה בגרמניה אחרי מלחמת העולם הראשונה צמצם מאוד את הרווחים מבתי הכלבו, והחברות הגדולות נאלצו להתמזג. בשנת 1926 מכר יאנדורף את כל בתי העסק שבבעלותו ליורשיו של הרמן טיץ, ובשנת 1932 הלך לעולמו. שנים מספר לאחר מכן, עם עליית הנאצים לשלטון, אולצו וֶרטהָיים, טיץ ובעלי בתי האופנה היהודיים למכור את עסקיהם ללא יהודים תמורת סכום הנמוך בהרבה משוויים האמיתי (תהליך שכונה אריזציה), וכך בא הקץ על המסורת המפוארת של המסחר היהודי בברלין.

המלים המודגשות בכתום מוסברות במילון המונחים.

אדולף יאנדורף ומשפחתו

הקָה.דֶה.וֶה ברחוב טָאוּאֶנציֶין

בית האופנה גֶרסון

המבנה שבו שכן בית
האופנה של ולנטין
מֶנהֶיימֶר ברחוב אוֹבֶּרוָאל
הוא היום בניין משרדים

קברו של אדולף יאנדורף בבית
הקבָרות היהודי בוָוייסֶנזֶה

אתר הזיכרון למתחם בתי
האופנה בהָאוּספוֹגטָאיפלאץ

Konfektionshaus Gerson Werderscher Markt	בית האופנה גֶרסון
Kaufhaus Gebr. Mannheimer	בית האופנה של האחים מָנהָיימֶר
Denkzeichen Modezentrum Hausvogteiplatz	אתר הזיכרון הָאוּספוֹגטָאיפּלאץ
Warenhaus Jandorf Spittelmarkt	בית הכלבו של יאנדורף בשפיטלמרקט

בעקבות
אדולף יאנדורף

יוהנס הולצמן

תעודת זהות

שם: **יוהנס הולצמן (סֶנָה הוֹי)**

תאריך לידה: 30 באוקטובר 1882

מקום לידה: טוּכֶלת, פּוֹמֶרָניה (היום טוכולה, פולין)

כתובות: צפון רובע מיטֶה; נקבר בבית הקברות היהודי וָייסֶנזֶה.

ידוע בזכות: כתיבת אחד המניפסטים הראשונים שקראו לקבלה של ההומוסקסואליות והקמת כתב עת אנרכיסטי פורץ דרך

באיזה גיל? 21

ומה עוד? השתמש גם בשם העט קאטוּלוּס ("כלבלב" בלטינית).

הַמַּהְפֵּכָה האישית של סֶנָה הוֹי

יום ב׳, 24 בנובמבר, 1902

״איל הפלדה קרוּפּ נמצא מת בביתו,״ זעקו כותרות עיתוני הבוקר בקיוסק שבתחנת הבורסה, וצמרמורת אחזה בגופו של יוהנס למרות המעיל הכבד שלבש. הֶרטָה שמה לב לרעד שאחז באחיה והכינה את עצמה לסערה המתקרבת: היא ידעה שברגע שיצאו מהכיכר ההומה ויתחילו ללכת לאורך אוֹראנייֶנבּוּרגֶר שטראסֶה, הוא יפרוץ בנאום חוצב להבות.

״יימח שמו של אָייזנֶר״, קילל יוהנס את עורך היומון הסוציאליסטי ״קדימה״, שחשף בשבוע הקודם את הרומנים שניהל התעשיין עם גברים צעירים באי האיטלקי קאפְּרי - מאמר שהשלכותיו הקטלניות באו לידי ביטוי כעת.

הֶרטָה התקשתה לעמוד בקצב של יוהנס, שדיבר בקצב של מכונת ירייה. משהו לא היה ברור לה כלל ועיקר.

״אבל למה איכפת לך בכלל מקרוּפּ? הוא קפיטליסט ומונרכיסט, לא?״

יוהנס תקע בה מבט זועם.

״הסוציאליסטים טוענים שהם עשו את זה כדי שיבטלו את סעיף 175, שזו מטרה טובה כשלעצמה, אבל לחשוף חיים אינטימיים של מישהו זו פשוט לא הדרך.״

סעיף 175 גזר עונשים כבדים על יחסים הומוסקסואליים. הֶרטָה אומנם עבדה ככתבנית במשרד עורכי דין, אבל את הפרט הזה היא שאבה מידיעה בעיתון.

״אני שונא את קרוּפּ ואת מה שהוא מייצג, אבל הצעד הזה הוא נשק לא מוסרי.״ הניד יוהנס בראשו, כשעברו את הפינה אל גרוסה המבורגר שטראסה, ״אָייזנֶר משתמש בהומופוביה של האוכלוסייה כדי לפגוע ביריב פוליטי, וכך מקדם בדיוק את אי־הצדק שהוא כביכול מתנגד אליו ושומט את הקרקע מתחת לרגלינו.״

״לרגלינו?״ תהתה הֶרטָה.

״תארי לעצמך שאבא היה קורא עליי בעיתון,״ המשיך יוהנס בחדות, והֶרטָה עצרה לרגע את הליכתה ואז הנהנה. היא חשה כבר זמן מה שאחיה בן העשרים שונה מרוב הגברים שהכירה, והתחלחלה כשחשבה

כיצד היה מגיב וולף הולצמן, אב ומחנך, לו ידע שבנו הבכור אינו רק מורה ליהדות לעתיד, אלא גם עוסק במעשי סדום.

יוהנס האיץ את צעדיו כשחלפו על פני בית האבות היהודי והמעבר המוביל לבית הקברות הישן, אבל הרוח הקרה בכל זאת כיבתה את הסיגריה שאחז באצבעותיו. הֶרטָה החליטה לשנות את הנושא.

"שמעתי שלקחו את הֶניגֶר לתכנן לכם בניין חדש", קראה כשנחשף לעיניהם המבנה הישן של בית הספר היהודי, שבחלקו האחורי שכן הסמינר למורים.

יוהנס נחר בביטול. "כל הזמן בונים בברלין. כביכול הכול חדש. אבל זה בסך הכול שינוי קוסמטי לאותו עולם ישן. עולם של וילהלמים וקרוּפִּים שמנצלים את האדם העובד. גם אם יהיה בניין חדש, ימשיכו ללמד שם ערכים שלא השתנו מאז ימי הביניים."

הֶרטָה הביטה בעיניו השחורות של אחיה והבחינה שהן בוערות בכעס מתפרץ.

"את יודעת שנזפו בי אתמול רק כי הזכרתי את מרקס בשיעור על דיני העבדות בתנ"ך?" הוא הפנה אליה שאלה רטורית ולא חיכה לתשובה. "המטומטמים האלה פשוט עוצמים עיניים כשהעולם מסביבם הולך ומתפורר. הם חוגגים את העובדה שהקייזר מחבב את היהודים קצת יותר מקודמו, ולא מבינים שבקרוב כל זה לא יהיה רלוונטי."

הֶרטָה נעצרה על עומדה. "זה נשמע כאילו אתה רוצה שהכול ייהרס", אמרה בבהלה. היא ידעה שיוהנס הולך להרצאות של איזה חוג מהפכני בשם "הקהילה החדשה" באוּלָנדשטראסֶה, אבל חשבה שהוא עושה זאת מתוך סקרנות אינטלקטואלית בלבד.

"לפעמים צריך להרוס כדי לבנות מחדש," הניד יוהנס בראשו להֶרטָה. הוא הצית מחדש את הסיגריה ותקע אותה בזווית פיו.

"זה היום האחרון שלי במוסד העבש הזה," אמר, "הייתי צריך לעזוב כבר מזמן."

מאי 1903

עצי התִרזה העתיקים לאורך אוּנטֶר דֶן לינדֶן נראו לרגע כבוערים בשמש השוקעת, ויוהנס ידע שהוא חייב למהר. עוד רגע יבלעו התיאטראות את שוחרי התרבות הרוחשים ברחוב, וכשיצאו מהם - אחרי שלוש מערכות והפסקה - הם ידברו רק על התזמורת או השחקנים ולא תישאר להם סבלנות עבורו.

אסור לאבד אף רגע, חשב יוהנס. הוא חלף על פני האופרה הממלכתית - הקהל שעמד לידה היה ללא ספק מבוגר ושמרני מכדי להבין - ומיהר לעבר פרידריכשטראסה. שם, בפינה, ניצב התיאטרון הקטן, והערב מציג שם "קול ועשן", מופע הקברט הניסיוני של מקס ריינהרדט.

זה הקהל שלי, חשב לעצמו כשראה את נחש האדם המתקדם לעבר הכניסה. הם היו צעירים יותר, לבושים באורח יצירתי יותר, והוא אפילו ראה כמה נשים מעשנות.

יוהנס נשם נשימה עמוקה וניגש לזוג צעיר ואלגנטי.

"האם אפשר אולי לעניין אתכם בכתב עת חדש?" שאל בנימוס המתבקש בעודו מציג בפני הזוג את צרור הדפים המודפסים שבו השקיע את כל זמנו בחודשים האחרונים.

הבחור לא טרח אפילו לענות לו, ורק הפנה את גבו; חברתו הנחמדה ממנו חייכה ואמרה בצער מעושה, "אנחנו לא קוראים כרוזים מהרחוב."

יוהנס ניסה עוד כמה חובבי תיאטרון, אבל גם אלו שהציצו בניירות החזירו אותם ברגע שקראו את הכותרות - או גרוע מכך, ניסו לזרוק אותם לפח. "אתה מגזים", אמר לו אחד. "אתה מריר", אמר אחר. "עזוב אותי בשקט", סיכם שלישי ואיים לקרוא למשטרה.

הם מתעניינים בקול ובעשן כשהם על הבמה, חשב יוהנס לעצמו בעצב, אבל לא מוכנים לראותם במציאות. וכשצעד תחת פנסי הרחוב אל ביתו, הבטיח לעצמו שמחר יהיה טוב יותר. מחר, הרי, הוא נוסע לקומונה.

למוחרת

על גדת אגם שלאכטֶן, למרגלות ביתני בית המשוגעים שהוסבו לחדרים ולדירות, סקר יוהנס בשביעות רצון את חבריו החדשים, שהשתרעו בכל פינות הדשא וחשפו את גופם לשמש הנפלאה של חודש מאי. אֶריך היה שם, אפו הארוך נעוץ במחברת שירים; אֶלזֶה הייתה שרועה ליד גבר נאה שיוהנס לא הכיר, ולידם נחו בשלווה גם גוסטב ואשתו; ועל צמד כיסאות נוח בצל העץ ישבו האחים הָרט, מייסדי הקומונה בכבודם ובעצמם.

יוהנס לא היה חבר בקומונה - עבודה חקלאית וחיים שיתופיים לא התאימו לו במיוחד - אבל הוא ידע, שכאן ימצא קהל אוהד לכתב העת שהחזיק תחת בית שחיו בכל הנסיעה המהבילה ברכבת ממרכז העיר.

הוא היה אורח קבוע בערבי הספרות והשירה שנערכו בבית הארכיטקט במרכז ברלין ובגימנסיה של חברי הקבוצה באוּלָנדשטראסֶה שבמערב, ואהב במיוחד את חגיגות מולד הירח שהתקיימו לחוף האגם מדי חודש ונמשכו לפעמים עד אור הבוקר.

"הולצמן!" צעקה אלזה, "אתה מסתיר לי את השמש!"

יוהנס התנצל והתיישב על הדשא, מניח את צרור הדפים לצידו. הוא הסיר את כובעו וצווארונו, ופתח שני כפתורים בחולצה הלבנה שלבש.

"תכיר," המשיכה אלזה בחיוך, "זה גיאורג. הוא סטודנט לאמנות ואנרכיסט מתחיל."

אלזה ליטפה את גבו החלק של גיאורג בתנועות שאין לטעות בהן. שניהם היו יפים כל כך, חשב יוהנס, אבל כבש את תשוקתו להזמינם למיטתו. אחרי הכל, היו לו עניינים דחופים יותר באותו רגע.

"תראי," הוא הושיט לאלזה את צרור הדפים שהביא איתו.

"המאבק: עמודים למאבק בעוולות ידועות ונסתרות," קראה אלזה, "בעריכת סֶנה הוֹי וא. ברנשטיין, מייסדי האגודה לזכויות האדם."

גיאורג הציץ מאחורי כתפה החשופה. "העיצוב מזעזע," הוא העיר, "אבל סֶנה הוֹי זה יופי של שם."

אלזה צחקקה. "זה הוא," אמרה והצביעה על יוהנס. "אני המצאתי. סנה הוי זה יוה־הנס, רק הפוך."

גיאורג הזדקף. "כל הכבוד," אמר ולחץ את ידו.

יוהנס השאיר לזוג שני עותקים והמשיך לחלק את כתב העת במדשאה. התגובות היו נלהבות, וכמה מהחברים ביררו איך אפשר לשלוח מאמרים לגיליונות הבאים. באותו ערב, לבקשת הקהל, הוא קרא באוזניהם גרסה ראשונית של "המין השלישי", סיכום עמדותיו על הומוסקסואליות, מיניות והחברה בכלל, אותו התכוון להביא לדפוס ברגע שיוכל להרשות לעצמו.

"לאף אחד אין זכות להתערב בחייו הפרטיים של מישהו אחר," קרא בקול, עיניו הבורקות נעות בתזזיתיות בחוריהן, סורקות את הקהל הצמא לדבריו, "לאף אחד אין זכות לעסוק בהשקפות ובנטיות של מישהו אחר. אחרי הכל, זה לא עניינו של אף אחד מה שני אנשים מבוגרים עושים בהסכמה בביתם הפרטי."

כשסיים לקרוא, הובילה אלזה את הקבוצה במחיאות כפיים סוערות, וגוסטב שאל איך בכוונתו לחבר את המהפכה המינית לפלטפורמה האנרכיסטית הכללית.

יוהנס חייך. לא ייאמן שעברה רק חצי שנה מאז שסיפר לאחותו על נטייתו המינית, מאז שעזב את הסמינר למורים כי הם התנגדו לכך שידבר על מרקס. הגיע הזמן שישמעו מה שיש לי להגיד, חשב.

סֶנָה הוֹי

משוררת האוואנגארד
הנודעת אלזה לאסקר-שילר

Kampf

Zeitschrift für — gesunden Menschenverstand.

Gesunder Menschenverstand —!
das revolutionärste, das es giebt.
Benedikt Friedländer.

Erscheint jeden Sonnabend.

Der Neuen Folge 6. Februar 1904. No. 1.

Politische und moralische Pfaffen.

Noch einmal wollen wirs versuchen.

Es gibt solche, die da meinen, nur noch eine Revolution könne helfen. Und es sind nicht die Schlechtesten und nicht die Einsichtslosesten und zumeist diejenigen, die ein ganz eminent ausgebildetes soziales Verantwortlichkeitgefühl besitzen. Die mit Empörung und wachsender Wut sehen, wie Recht längst nicht mehr .Ich ist mit Gerechtigkeit, wie soziale Verhältnisse zeigen: Unterdrückung und Ausbeutung, wie die Person des Einzelnen eingeschätzt wird nicht als Persönlichkeit, zu deren Entwicklung und Ausbildung, zu deren Pflege und Nutzung ihm der auf dem Verhältnis der Gegenseitigkeit beruhende Schutz der Gesellschaft und ihrer Arbeitnehmer: der Regierung, der Beamten, der Behörden zuteil wird, sondern: wie der Einzelne nichts ist als ein Teil der Menge, des zu beherrschenden Volkes, das sich mit dem Bewußtsein oder dem Unbewußtsein seines untertanenhaften Verstandes zu fügen und dasjenige zu

גיליון של המאבק משנת 1904

הֶרוּוארת ואלדֶן (גיאורג לוין)

גוסטב לָנְדַאוּאֶר

מה קורה בסביבה?

סנה הוי צדק: בתחילת המאה העשרים החל העולם הבטוח של גרמניה הקיסרית להתפורר, עד שקרס ברעש גדול לאחר מלחמת העולם הראשונה. בשנים שלפני המלחמה הלכו והתגברו הקולות המהפכניים בגרמניה ובאירופה בכלל - מִקברטים סאטיריים, דרך כתבי עת חתרניים ועד אגודות כמו "הקהילה החדשה", שניהלו בפועל אורח חיים אלטרנטיבי.

הקומונה של "הקהילה החדשה" באגם שלאכטן החזיקה אומנם מעמד רק שנה וחצי, אבל לחבריה נודעה השפעה מכרעת על חיי התרבות והחברה בברלין בתחילת המאה. אלזה היא אלזה לסקר־שילר, משוררת ובוהמיינית שתוארה כ"מלכת האקספרסיוניזם". היא שברה את תקרת הזכוכית עבור הנשים וזכתה בפרס קלייסט בשנת 1932. גיאורג לוין, בן זוגה, היה גלריסט ומבקר אמנות שפרסם בשנת 1909 את כתב העת החשוב "הסערה". אריך מיזאם, מחזאי ומשורר, המשיך לחיות בקומונות ניסיוניות, והוביל את ההתנגדות למלחמת העולם הראשונה. גוסטב לָנדָאוּאֶר, שהעדיף את הצד האידיאולוגי, נמנה עם מובילי התנועה הקומוניסטית בגרמניה וניסה לייבא את המהפכה גם לבוואריה.

מעל כולם בלטו האחים יוליוס והיינריך הָרט, אנשי ספר שהיו מבוגרים יותר מרוב חברי הקבוצה ומנוסים מהם בביקורת על החברה בכללה. רעיונות החזרה לטבע והחיים השיתופיים, שהובילו את האחים להקמת הקומונה, הכו גלים בחברה הגרמנית השמרנית, והשפיעו ישירות על הפילוסוף מרטין בובר; גם הוא היה פעיל בקבוצה (בשנת 1900 אף נשא בפניהם נאום חוצב להבות על "החברה הישנה והחדשה") ושאר ממנה השראה לרעיון הציוני - התחדשות העם היהודי באמצעות עבודת כפיים ויצירת חברה שיתופית בארץ ישראל, מולדתו של העם היהודי.

גם במאבק לזכויות ההומוסקסואלים לא נשא יוהנס הולצמן לבדו. "האגודה לזכויות האדם", שהקים על מנת לאפשר שיח חופשי בנושא, אומנם לא החזיקה מעמד זמן רב, אבל במקביל אליה התקיימו בברלין ארגונים נוספים: כבר בשנת 1897 ייסד הרופא מגנוס הירשפלד את הוועדה המדעית־הומניטרית שפעלה לביטול סעיף 175, ובשנת 1903 הצטרף גם הסופר אדולף בראנד, שהקים את "קהילת הייחודיים" והוציא את כתב העת הלהט"בי הראשון בעולם. הולצמן ראה את הוועדה של הירשפלד כגוף מעונב ושמרני מדי, וביקר את בראנד על ניתוק המאבק ההומוסקסואלי מההקשר התרבותי הכללי של חתירה תחת הסדר הדכאני הקיים. מסיבות אלו ואחרות, הוא בחר להקים אגודה וכתב עת משלו. עם זאת, ולמרות כל הוויכוחים הקשים ביניהם באותה תקופה, תרמו כל הארגונים הללו להשגת לגיטימציה ראשונית למאבק להשוואת

זכויותיהם של מי שנטייתם המינית שונה מהמקובל - מאבק שהגיע לשיאו בתקופת רפובליקת ויימאר, כעשרים שנה לאחר מכן.

ומה קרה אחר כך?

כתב העת "המאבק" זכה להצלחה בחוגים המהפכניים בברלין: לאחר התחלה מהוססת בשנת 1903, הוא הושק מחדש בפברואר 1904, ובמשך כשנה וחצי התפרסמו 25 גיליונות, שבשיאם הופצו בברלין בקרוב לעשרת אלפים עותקים. לצד מאמרים על שוויון זכויות להומוסקסואלים, ראו אור בכתב העת דיווחים על התנועה המהפכנית ברוסיה, מאמרי תמיכה בפועלים שובתים במכרות, ביקורת ספרות נשכנית ומגוון שירה ופרוזה מאת מיזאם, לסקר־שילר ואחרים. הולצמן ייסד הוצאה לאור שנקראה על שמו והרשים את סביבתו בעמדותיו הרדיקליות ובפעלתנות התזזיתית שלו; האנרכיסט האוסטרי פייר ראמו קרא לו "הבוהמיין הפרולטרי הנחוש ביותר באנרכיזם הדובר גרמנית".

אבל להצלחה בתחום המהפכני יש מחיר, כפי שגילה הולצמן במהרה. 11 מתוך 25 הגיליונות של "המאבק" נאסרו לפרסום בידי הצנזורה, ועל העורכים הופקד מעקב משטרתי. קנאי לפרטיותו, הולצמן הגיב בחריפות אופיינית, ושלח מכתב פרטי למפקד המשטרה בברלין, שבו כתב בין השאר על כוונתו "להכות באגרוף בפניו של כל מי שירגל אחריי". המשפט הזה, לצד הטקסטים ההומוסקסואליים שפרסם, עלו לו בעונש מאסר, אבל הולצמן לא ויתר: בשנת 1905 הוא נמלט לציריך והמשיך לפרסם את דעותיו משם. למרבה הצער, גם בציריך הסתבך האנרכיסט הצעיר בצרות, מהן ניסה להתחמק ע"י בִּיוּם מותו (הוא כתב לעצמו הספד ופרסם אותו בכתב העת בו הועסק). לאחר שהות קצרה בפריז, הוא החליט שהדרך הטובה ביותר לקדם את המהפכה העולמית היא לנסוע לרוסיה.

ברוסיה השתתף הולצמן בהתארגנויות בלתי חוקיות שקראו למהפכה קומוניסטית, ובשנת 1907 נעצר ונשפט ל-15 שנות מאסר. חבריו בברלין, שלא שכחו אותו, גייסו עבורו כספים והפעילו לחץ ציבורי במטרה להביא לשחרורו. אלזה לסקר־שילר אף נסעה לרוסיה בשנת 1913 כדי להיפגש איתו. באותה שנה, היה הולצמן מאושפז בבית חולים לחולי נפש ליד מוסקבה. לאור מצבו הקשה הסכימו הרוסים לשחררו - אבל גרמניה, שבה שלט עדיין אותו ממשל קיסרי נוקשה, סירבה לאשר את כניסתו לברלין; הוא מת ממחלת הטיפוס, בעודו כלוא ברוסיה. לסקר־שילר, שאהבה והעריצה את הצעיר חסר המנוחה, חיברה שיר לזכרו, כתבה עליו ברומן "המלך" שהתפרסם בשנת 1916 ואף הקדישה מחזור שירים שלם ל"חברי האהוב למשחק, סֶנָה הוי".

מבט על אגם שלאכטֶן

החצר הראשונה של האקֶשֶה הָפֶּה

בית הספר התיכון היהודי, גרוֹסֶה המבורגר שטראסֶה 27. במבנה שקדם לנוכחי שכן הסמינר היהודי למורים.

התיאטרון הישן הוא הבית השלישי מימין לפינת הרחוב

תחנת הבורסה, היום תחנת האקֶשֶר מרקט

Lehrerseminar, Große Hamburger Straße	הסמינר למורים
Neopathetisches Kabarett	הקברט הניאו-פתטי בחצר הראשונה של האקֶשֶה הֶפֶה
S-Bahnhof Hackescher Markt, vorher Börse	תחנת האקֶשֶר מרקט, לשעבר תחנת הבורסה
Staatsoper	האופרה הממלכתית
Kleines Theater	התיאטרון הקטן

Lehrerseminar, Große Hamburger Straße
Friedländers Jüdische Schule
Hackesche Höfe, ehemaliges Neopathetisches Cabaret
S-Bahnhof Hackescher Markt, vorher Börse
Henriette-Herz-Platz
Monbijoupark
James-Simon-Park
Bode-Museum
Am Weidendamm
Spree
Pergamonmuseum
Alte Nationalgalerie
Neues Museum
Georgenstraße
Altes Museum
Berliner Dom
Lustgarten
Platz der Revolution
Kleines Theater
Staatsoper
Unter den Linden
Bebelplatz
Berliner Schloss
Humboldt-Forum

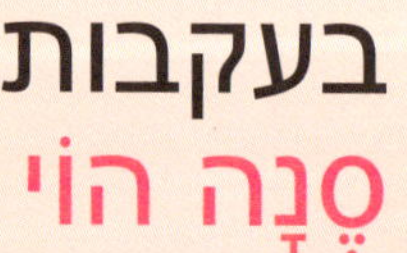

מרתה יעקב

תעודת זהות

שם: **מרתה יעקב**

תאריך לידה: 7 בפברואר 1911

מקום לידה: בֶּרלין

כתובת: טילֶה־וארדֶנבֶּרג־שטראסֶה 26,
רובע מואביט

ידועה בזכות: זכייה באליפות גרמניה בהטלת כידון

באיזה גיל? 18

ומה עוד? בגיל 17 השתתפה באולימפיאדת אמסטרדם (1928) במסגרת מופע ראווה של אתלטים ואתלטיות מבית הספר הגרמני הגבוה לחינוך גופני.

עקבות נוספים: כיכר מרתה יעקב ברובע וֶסטאֶנד.

זה בידיים שלך

קיץ 1924

משב רוח רענן ליטף את מרתה, פורע את שערותיה המתולתלות ומרים את החולצה הלבנה עם סמל הקבוצה, עיגול ובתוכו מגן דוד. עוד רגע, היא ידעה, יפנה השביל הרחב החוצה את יער גרוּנֶוַולד ימינה, וזה יהיה האות לספרינט האחרון, זה שיותיר אותה ראשונה עד קו הגמר.

מרתה אהבה לנצח. כבר בגיל שמונה זכתה במקום הראשון בתחרות התעמלות לילדים - אבל זה היה מזמן, לפני שהתחלתי לרוץ, חשבה כשעברה את הפינה וראתה מרחוק את הקהל הקטן שהצטופף ליד קו הסיום, תחת הסמל של "בר כוכבא ברלין". היא רצתה להביט לאחור, לראות אם יש מישהי בעקבותיה, אבל במקום זאת התרכזה בנשימות ובתנועות שלמדה בקפידה, מבצעת אותן בשלמות.

כשחצתה את קו הגמר במקום הראשון, ידעה מרתה בת ה-13 שהיא הנערה המהירה ביותר במועדון - אבל השמחה נמהלה בעצב מייד כשהביטה לאחור וראתה את הזוכה במקום השני, נערה גבוהה ומבוגרת ממנה, מסיימת את שני הקילומטרים של המסלול יותר מעשרים שניות אחריה. כשלגמה במהירות את המים הקרירים, כבר ידעה מרתה מה עליה לעשות.

היא הניחה את הכוס ורצה אל לואיס ופאולינָה, שחיכו לה בזרועות פתוחות. הם התעקשו תמיד שתקרא להם בשמותיהם, מזכירים שהם רק הדוד והדודה שלה, מספרים שוב ושוב על אמה האמיצה שמתה בלידתה, ועל אביה שנפטר משפעת שלושה חודשים מאוחר יותר. מרתה לא ידעה איך להגיד להם שזה לא משנה לה, שמבחינתה הם ההורים היחידים שלה, ושהדירה הקטנה ברחוב המוצל, המשקיף על הנהר משני קצותיו, היא הבית היחיד שהיא מכירה.

"היית נהדרת!" קרא לואיס ופרש לצדדים את זרועותיו הארוכות.

"אנחנו כל כך גאים בך," הטעימה פאולינה.

"בדבר אחד אני בטוח," המשיך לואיס, "זה בטח לא הניצחון האחרון שלך. נכון, פליקס? נראה לי שצפוי לה עתיד גדול."

המשפט האחרון הופנה לפליקס זימֶנָאוּאֶר, קפטן נבחרת הריצה של המועדון. הוא היה בן 21, ארוך רגליים וגבוה, ומרתה צפתה במשך שעות בריצות האימונים שלו, לומדת כל פרט ופרט.

"בהחלט," ענה פליקס בחיוך, "יש לה פוטנציאל עצום. לו הייתה בן, הייתי מזמן ממליץ עליה לקבוצת הכדורגל."

מרתה הסמיקה. פליקס קלע בדיוק להחלטה שגמלה בליבה דקות אחדות קודם לכן.

"אבא... סליחה, לואיס... אני יכולה שנייה לדבר עם פליקס בפרטיות?" ביקשה.

לואיס תקע בה מבט עקום, אבל אז חייך. "אבל אל תתרחקו," אמר, "יש לנו שולחן בקמפינסקי בקוּ'דאם לעוד שעה." ולמראה המבט המזועזע של אשתו הוסיף בהתנצלות, "ידעתי מראש שיהיה לנו מה לחגוג."

מרתה הותירה את הוריה מאחור וצעדה עם פליקס אל היער.

"מה העניין?" הוא שאל במבוכה.

"אני רוצה להצטרף למועדון הספורט של ברלין. כמו לילי."

פליקס ידע בדיוק על מי היא מדברת. לילי חנוך הייתה האתלטית היהודייה הכי מפורסמת בגרמניה, אלופה בדיסקוס ובכדור ברזל וחברה בנבחרת הכדוריד.

"אונה יודע שאין לי פה עתיד," המשיכה מרתה, מצביעה על הביתן המאולתר שהציב המועדון ליד קו הגמר. "אני רוצה לשחק הוקי. אני רוצה לשחק כדוריד. אני רוצה להתחרות עם מישהי שתאתגר אותי. אני חייבת את זה לעצמי."

פליקס שונק, עיניו מתערפלות בהרהור. הוא היה ציוני נלהב, שהאמין בכל ליבו ברעיון שמאחורי אגודת הספורט "בר כוכבא", שנועדה לעודד יהודים ויהודיות לעלייה ולספק מפלט מהאנטישמיות באגודות הספורט הגרמניות הכלליות. אבל הוא גם ידע שמרתה צודקת: היא הייתה אחת הספורטאיות המובילות לגילה, וסביר שתתקבל לכל אגודה שתרצה.

"אני אמשיך להתאמן איתכם," הבטיחה מרתה, לחייה מתעגלות בחיוך.

"כן, אבל באליפויות שלך תזכי כבר במועדון אחר," הודה פליקס.

פניה של מרתה קרנו בתודה.

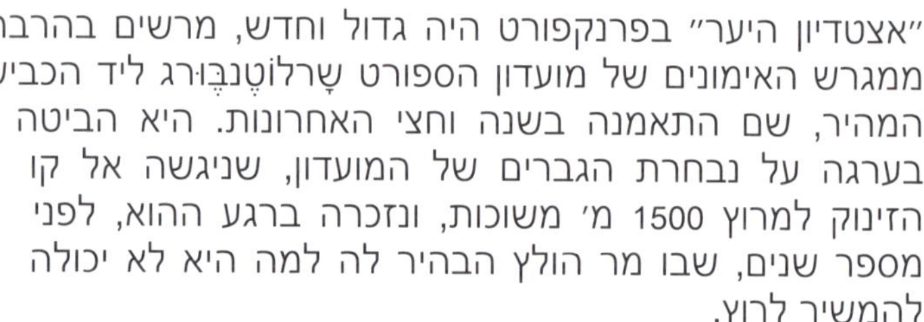

21 ביולי, 1929

"אצטדיון היער" בפרנקפורט היה גדול וחדש, מרשים בהרבה ממגרש האימונים של מועדון הספורט שָרלוֹטֶנבֶּורג ליד הכביש המהיר, שם התאמנה בשנה וחצי האחרונות. היא הביטה בערגה על נבחרת הגברים של המועדון, שניגשה אל קו הזינוק למרוץ 1500 מ' משוכות, ונזכרה ברגע ההוא, לפני מספר שנים, שבו מר הולץ הבהיר לה למה היא לא יכולה להמשיך לרוץ.

"הרגלים שלך פשוט קצרות מדי," אמר המאמן האגדי, אלוף גרמניה בקרב עשר. "אבל הזרועות זה סיפור אחר. אם תרצי מספיק, אני יכול לעשות ממך אלופה בהדיפת כדור ברזל. אולי גם בכידון."

מרתה הייתה מרוצה מהזרועות העדינות והדקות שלה, שפיצו על פניה הפשוטות למראה ועל שערה המדובלל, אבל זריקה של כדורי מתכת כבדים לא נשמעה לה כספורט מלהיב במיוחד.

"אז אולי כדוריד" הציעה בתקווה, "או הוקי?"

מר הולץ עיווה את פניו. "את יהודייה, לא? לי זה לא מפריע, אבל מספיק כמה נערות בקבוצה ששייכות לנוער ביסמרק, ואת פשוט לא תקבלי כדורים."

לקח לה עוד שנה עד שהכירה בכך שהוא צודק, עזבה את מועדון הספורט של ברלין ובאה להתאמן אצלו. ההחלטה הזו הובילה אותה עד לאליפות גרמניה.

מרתה נשכה את שפתיה. במקצוע המועדף עליה, הדיפת כדור ברזל, הודחה כבר שלשום, אחרי שלוש זריקות, ונאלצה לראות מהיציע את גרֶטֶה הוֹיבְּלָיין שוברת את השיא העולמי וזוכה לתשואות. ודווקא היום, כשהיא מתחרה בהטלת כידון - המקצוע היותר חלש שלה - מצאה את עצמה פתאום בין שמונה המובילות, מתמודדת מול שיאנית העולם אָאוּגוּסטֶה הארגוּס.

גל מחיאות כפיים נשמע מהקהל והסיט את עיניה של מרתה אל לוח התוצאות. הארגוּס זרקה הרגע 37.95, לא ברמה של שיא עולם אבל כנראה מספיק כדי לזכות בתחרות. מרתה ידעה שעוד רגע יקראו לה לזריקה האחרונה. היא עצמה את עיניה ונשמה באיטיות, מזמנת אליה את עצי היער של גרונוַולד, את החיבוק של דוד לואיס, את העיניים המעודדות של פליקס.

המלים המודגשות בכתום מוסברות במילון המונחים.

"מרתה יעקב, מועדון הספורט שָרלוֹטֶנבֶּוּרג," קרא הכרוז, והיא ניגשה אל מסלול הריצה, הרימה את הכידון והחלה לרוץ. אני רוצה, אני רוצה, אני רוצה, חזרה ואמרה לארתור הולץ, לשחקניות ההוקי האנטישמיות, לקבוצת הכדורגל המיועדת לבנים בלבד. הכידון הרגיש כמו המשך של היד שלה, כמו המשך של הרצון, ובנקודה מסוימת ידעה שעליה לעזוב אותו ולתת לו לעשות את שלו.

תשואות הקהל עוררו אותה ממחשבותיה. בביתן המאמנים שפשף ארתור הולץ את עיניו כלא מאמין. הכידון שזרקה ננעץ באדמה מעבר לקו השלושים ושמונה מטרים, וזמן קצר לאחר מכן עודכנה התוצאה גם על הלוח: 38.24, מקום ראשון בתחרות ו-15 ס"מ בלבד משיא העולם.

מרתה יעקב הרימה את זרועותיה החזקות לצדדים וחשפה את שיניה בחיוך רחב. יהיה אשר יהיה, חשבה, את זה יש לי לתמיד.

מה קורה בסביבה?

מועדון הספורט "בר כוכבא ברלין" נוסד בשנת 1898, חודשים מספר לאחר שמקס נורדאו קרא בנאומו בקונגרס הציוני לקדם את רעיון "יהדות השרירים" - יצירת זן חדש של יהודי, המצטיין בכוח גופני ולא רק מנטלי, על מנת לממש את חזון התחייה הלאומית. הייתה זו אגודת הספורט היהודית הראשונה בגרמניה, ובעקבותיו צמחו עוד רבות, שבשנת 1921 שיתפו פעולה בהקמת ארגון "מכבי" העולמי.

המועדון נוסד כאגודה להתעמלות, אבל עד מהרה נפתחו בו מחלקות לאתלטיקה, לטניס, לכדורגל ועוד. קבוצת הכדורגל שיחקה בליגה העירונית ולא זכתה להצלחה מרובה ("הכוח ברלין" הייתה קבוצת הכדורגל היהודית המובילה בעיר; שני המועדונים התאחדו בשנת 1929), אבל מספר ספורטאים וספורטאיות שהתאמנו במועדון זכו להצלחה בתחום האתלטיקה. בין השאר התחרו מטעם "בר כוכבא ברלין" האלוף האולימפי אליאס כץ, רץ למרחקים ארוכים שנולד בפינלנד, והאצן דניאל קורט לוין, שהוביל את נבחרת השליחים של המועדון למדליית ארד באליפות גרמניה בשנת 1929.

עם זאת, כמו מרתה יעקב, רוב הכוכבים של "בר כוכבא" העדיפו להתחרות ולהגיע להישגים במסגרת מועדונים אחרים, בייחוד במועדון הספורט שָרלוֹטֶנבֶּוּרג. בין השאר התאמנו במועדון זה אלופת גרמניה ושיאנית העולם לילי חנוך, גיבורת ילדותה של מרתה, והאצן אלכס

נתן - שותף לרביעיית שליחים שזכתה ארבע פעמים באליפות גרמניה וגם שברה את השיא העולמי. ספורטאים/יות אחרים ממוצא יהודי בחרו מלכתחילה לנסות את מזלם במועדונים לא יהודיים, ואחדים מהם הגיעו להישגים מרשימים - בהם שחקן הכדורגל יוליוס הירש, שכיכב במועדון קָרלסרוּהֶה ובנבחרת הלאומית, והסייפת הֶלֶנֶה מאייר, שייצגה את גרמניה באולימפיאדת ברלין (1936) וזכתה במדליית כסף.

ומה קרה אחר כך?

הזכייה המפתיעה באליפות גרמניה בגיל שמונה עשרה וחצי הייתה נקודת השיא בקריירה של מרתה יעקב כספורטאית פעילה. בעקבות הזכייה החליטה מרתה להתמקד בהטלת כידון, וחודש לאחר מכן הוזמנה להשתתף בנבחרת הגרמנית בתחרות בינלאומית בין גרמניה לבריטניה. היא המשיכה להרשים וזכתה במקום השני (אחרי אָאוּגוּסטֶה הארגוּס, מחזיקת השיא העולמי), אבל כששבה לברלין החליטה להתמקד בלימודיה האקדמיים בבית הספר הגבוה לחינוך גופני, במבנה חמור־הסבר של פורום הספורט הגרמני במערב ברלין. היא לא זכתה להישגים נוספים באותו סדר גודל (למעט מדליית ארד בקרב חמש באליפות גרמניה למועדונים בשנת 1932), אבל הופעתה בתחרות הבינלאומית והרקע האקדמי שצברה, הספיקו כדי להרשים את התאחדות האתלטיקה הבריטית; כתוצאה מכך, זכתה להזמנה מפתה לאמן את נבחרת הנשים של בריטניה באתלטיקה קלה לקראת אולימפיאדת לוס אנג'לס (1932). במקביל השלימה מרתה באותה שנה את לימודיה לתואר ראשון בביה"ס לחינוך גופני.

הקשרים שרקמה בבריטניה סייעו אומנם למרתה יעקב להגר לשם כשהנאצים עלו לשלטון וסילקו את כל היהודים ממועדון הספורט שָרלוֹטֶנבּוּרג, אבל לא היה בהם די כדי שתוכל להתפרנס כמאמנת או כספורטאית בממלכה המאוחדת. היא נאלצה לנדוד ברחבי אירופה, מבריטניה לצרפת ומשם לבלגיה ולהולנד, ולחפש את דרכה. מרתה הייתה ספורטאית ללא מועדון או מדינה, ומשום כך הותר לה להתחרות ולהצטיין רק במסגרות יהודיות: היא זכתה בשתי מדליות זהב במשחקי מכבי האירופיים בשנת 1934 ובשלוש מדליות כסף במכבייה השנייה, שנערכה בשנת 1935 בתל אביב.

למרות מצבם הקשה של יהודי גרמניה, ביקרה מרתה באותה תקופה מספר פעמים בברלין - עד שפעם אחת, בשנת 1936, עוכבה לחקירה

המלים המודגשות בכתום מוסברות במילון המונחים.

בידי המשטרה הנאצית, שביקשה להוציא ממנה מידע על הממסד הספורטיבי בבריטניה ויחסו לאולימפיאדה שתכננו הנאצים בברלין. למוחרת עזבה מרתה את ברלין ברכבת ובמהרה יצאה מאירופה לעבר דרום אפריקה, שם הצטרפה לאחד מבני דודה. שם, רחוק כל כך ממולדתה, מצאה מרתה סוף סוף מנוחה, עבדה כמורה ואף הוכתרה כאלופת דרא״פ בהטלת כידון בשנת 1937. כל בני משפחתה, פרט לדודתה פאולינה שהצליחה להגיע לדרא״פ בשנת 1939, נספו בשואה, כמו גם גיבורת ילדותה, האתלטית לילי חנוך. פליקס זימֶנָאוּאֶר, שזכה במדליית זהב במכבייה הראשונה, מצא את דרכו לבסוף בארצות הברית, שם זכה להצלחה כאדריכל ומעצב פנים.

מרתה יעקב זורקת
דיסקוס והודפת כדור ברזל

איצטדיון מומֶזן,
איצטדיון הבית של
מועדון הספורט
שָרלוֹטֶנבּוּרג

מְלון קמפינסקי

לוח זיכרון למכבי ברלין
באיצטדיון מומֶזן

ספורטאים מ"בר כוכבא ברלין"

Tile-Wardenberg-Straße 26	טילֶה־וארדֶנבֶּרג־שטראסֶה 26
Kempinski am Kudamm	מסעדת קמפינסקי בקו׳דאם
Mommsenstadion	איצטדיון מוֹמזֶן
Grunewald	גרוּנֶוואלד
Deutsches Sportforum mit ehemaligem Haus des Sports	פורום הספורט הגרמני

בעקבות
מרתה יעקב

היינץ אברהמזון (צבי אבירם)

תעודת זהות

שם: **הַיינץ אַבְרָהָמזון, לימים צבי אבירם**

תאריך לידה: 25 בינואר 1927

מקום לידה: ברלין

כתובות: צֶדֶניקֶר שטראסֶה 2, פְּרֶנצלָאוּאֶר בֶּרג; בקתת־גינון בקָרלסהוֹרסט; פְּרֶנצלָאוּאֶר שטראסה 13 (בית משפחת בֶּק).

ידוע בזכות: פעילות בארגון מחתרת ציוני שסייע לצעירים ולצעירות ממוצא יהודי שהסתתרו מפני הנאצים; הפצת כרוזים אנטי־פשיסטיים ברחבי ברלין.

באיזה גיל? 16

ומה עוד? בשנת 2015 פרסם ספר אוטוביוגרפי על התקופה שבה חי במחתרת בברלין.

חברים לעת צרה

ערב שבועות, 8 ביוני 1943

באור הנרות העמום התקשה הָיינץ לראות את קצהו הרחוק של החדר, שם עמד יצחק וקרא מתוך **הסידור**. ריח החלות הטריות, שהונחו על שולחן בקצה הסלון, גרם לראשו להסתחרר; מאז ארוחת הבוקר לא אכל דבר, ובשעות האחרונות דילג בין קרונות רכבת, מתחמק משוטרים בעודו מפזר כרוזים של המחתרת **הקומוניסטית**. פניו העגולות ושערו המסורק, ששיוו לו מראה של תלמיד בית ספר גרמני טיפוסי, אפשרו לו, כך גילה, להיטמע בקהל הנוסעים בקלות יחסית.

למפגש "חוג חלוצי" אצל משפחת בֶּק הגיע ממש ברגע האחרון, אחרי כולם, והתיישב במקום האחרון שנותר, בדיוק כשיצחק החל לתאר בהתרגשות את טקסי הקציר בקיבוצים שבפלסטינה. הָיינץ לא התלהב במיוחד מהרעיון הציוני בעבר, אבל במצב הנוכחי, כל מקום היה טוב יותר מברלין - ומקום שבו חיים בכפר ואוכלים פירות וירקות טריים, על אחת כמה וכמה.

"וכעת, נברך על הלחם," אמר יצחק וניגש אל החלות. בידיים בוטחות בצע אותן, בזק עליהן מלח מהקערה וחילק את הקרעים לחברי הקבוצה. "ברוך אתה אדוני, אלוהינו מלך העולם, המוציא לחם מן הארץ," בירך המורה האהוב בקולו המתנגן, והנערים אמרו אמן.

"כולם רעבים לפחות כמוני," ציין הָיינץ לעצמו, "אבל כולנו חיכינו עד סוף הנאום והברכה". הוא היה אחד הבודדים שלא הכירו את יצחק לפני המלחמה, כי לא היה חניך בבית הספר של עליית הנוער - אבל כמו השאר, למד במהרה להעריך את המרץ האינסופי של האיש נמוך־הקומה במשקפיים העגולים, וכשיצחק הוביל את הנוכחים בזמזום חרישי של "הנה מה טוב ומה נעים, שבת אחים גם יחד", רומם השיר את רוחו של הָיינץ לא פחות מאשר החלה הטרייה.

"חברים, בשבוע הבא ניפגש לתפילת ערבית בפארק פרידריכסהיין, מאחורי מזרקת האגדות," הכריז יצחק, מסמן שהגיע הזמן להתפזר. הנערים והנערות קמו והתחבקו, מנסים למשוך עוד רגע יחד, אבל הם ידעו שככל שיישארו יותר, כך יגדל הסיכוי שמי מהשכנים יבחין בהתכנסות החריגה וילשין לגסטפו. בזמן שחבריו חמקו אל הרחוב

המלים המודגשות בכתום מוסברות במילון המונחים.

טיפין־טיפין, כל אחד מכניסה אחרת, ניגש הָיינץ לאֶווֹ.

"אֶווֹ" הייתה אֶדית ווֹלף, הרוח החיה מאחורי החוג. אימה הייתה נוצרייה, והקשרים שרקמה בכנסייה ובכלל סייעו לספק מזון ומקום לינה לרבים מהחברים. כשהביט בפניה הסמוקות התקשה הָיינץ להאמין שהיא צעירה רק בשלוש שנים מאמו.

"דאגתי כשאיחרתָ," אמרה ברגע שניגש אליה, "איפה היית?"

הָיינץ לא רצה לשקר לאֶווֹ, אבל לא הייתה ברירה: וישנֶייבסקי הבהיר בלשון שאינה משתמעת לשתי פנים שאסור לו לספר לאף אחד על פעילותו במחתרת הקומוניסטית. מצד שני, חשב הָיינץ, לא סיפרתי לקומוניסטים דבר על החוג הציוני.

"המון משטרה באלכס," אמר קצרות, "עשיתי עיקוף."

"טוב שאתה שומר על עצמך," ענתה, והָיינץ תהה מה הייתה חושבת, לו ידעה על אקדח הקוֹלט החבוי בכיס מעילו. האם אני שומר על עצמי או מסתכן שלא לצורך?

"הבאתי לָך," אמר ושלף מכיס מעילו ערימה של דפים צבעוניים, המחולקים בקווים מקוטעים לריבועים קטנים. פניה של אֶדית אורו בבת אחת.

"אלה כבר החדשים?" שאלה.

הָיינץ הנהן והצביע על התאריך המוטבע בכל ריבוע. "יותר לחם ושומן, אבל פחות בשר." וישנֶייבסקי טען שהשינויים בתלושי המזון הם הוכחה להיחלשותו של הרייך, שתוביל לבסוף לתבוסה במלחמה. הָיינץ לא ראה לנכון לספר זאת לאֶדית.

"לא משנה," היא משכה בכתפיה, "העיקר שיהיה מספיק לכולם."

31 בדצמבר, 1943

שישה שבועות עברו מאז הלילה שבו פרצו שני גברים חמושים אל ביתן הגינה שבו התחבא הָיינץ, החרימו את כספו ואת תלושי המזון שהשיג, ולקחו אותו למעצר במחנה האיסוף שבגרוֹסֶה הָמבֶּוּרגֶר שטראסֶה. למרבה המזל, גילה במהרה שהוא חולק את תא המעצר עם שלושת בני משפחת זָיידמָן, אותם הכיר מ"חוג חלוצי": מוריץ, חברו לקבוצה, אחותו אסתר ואביהם אברהם.

מוריץ ישב ליד הָיינץ ובהה דרך החלון המסורג. אלומות הזרקורים האירו עדיין את השביל אל בית הקברות הישן ואת הפרצה בגדר, דרכה תכננו להימלט.

"תהיה הפצצה," אמר. "אתה תראה. הבריטים לא ייתנו לנאצים לחגוג את הסילבסטר בשלווה."

הָיינץ לא ענה. מאז אותו לילה נורא שבו נתפס, הוא הקדיש כל רגע שבו לא סבל בחקירות, למחשבות על בריחה. ועכשיו, סוף סוף, אולי הגיע הזמן. מתי כבר יישמעו הסירנות?

אסתר, אחותו של מוריץ, ישבה על הדרגש ממול ושוחחה חרישית עם אביהם. מבטו של הָיינץ השתהה ארוכות על פניה. כל כך יפה, הרהר לעצמו, ממש כמו בפעם הראשונה שראה אותה, במפגש של החוג הציוני אצל משפחת בֶּק. היא מבוגרת ממך בשלוש שנים, הזכיר לעצמו, וממילא אין עכשיו זמן לאהבה.

הָיינץ הרגיש את הלחם והריבה שקיבלו לארוחת הערב מתערבלים בבטנו. הוא עצם את עיניו וקיווה ששוב יאיר לו המזל פנים. אלמלא מוריץ, אולי לא הייתה עולה בדעתו תוכנית הבריחה המוצלחת - להתגנב למחסן ההגנה האווירית, לשאול משם מכוש ולהשתמש בו כדי לפרק את המסמרות המחברות את סורגי החלון זה לזה. כעת נדרשה רק תנועה קלה כדי להסיט את הסורגים ולפנות מספיק מקום להשתחל החוצה; כל שנותר הוא להמתין לכאוס שישרור בעת ההפצצה ולנצל את ההזדמנות.

ואכן, כפי שחזה מוריץ, נשמע לפתע צליל סירנה קולני והעיר את היינץ משרעפיו. ההפצצה החלה!

יושבי התא זינקו ממקומם ונעמדו במסדרון, המקום המוגן ביותר במבנה. הם היו עשרה, אבל רק הוא והזיידמנים ידעו את התוכנית. בין היהודים שהתחבאו בברלין נפוצה שמועה על מספר מרגלים יהודיים, המסגירים את בני עמם לנאצים. אסתר סיפרה לו שכך, ככל הנראה, ידע הגסטפו לעצור את משפחתה ביציאה מהאופרה הממלכתית באוּנטֶר דֶן לינדֶן. אביה, שסיפר להם את השמועה על המרגלים, היה גם זה ששכנע אותם לשמור את התוכנית לעצמם עד הרגע האחרון.

פיצוצים עזים נשמעו מבחוץ, קרובים יותר מתמיד. עכשיו, חשב היינץ, זה הזמן! הוא פנה לרוץ חזרה לחדר וראה שאברהם זיידמן הקדים אותו. האיש כבד־הגוף, בן יותר מארבעים, הסיט את הסורגים ודחק את גופו ללא היסוס דרך החלון, אל האפלה שבחוץ.

"מהר, לפני שידליקו שוב את הזרקורים," קרא מוריץ, והיינץ לא היה זקוק ליותר מזה. הוא השחיל את גופו הצנום בין הסורגים ורץ בכל המהירות אל בית הקברות הנטוש. מאחוריו שמע את מוריץ מתנשף, ובמהרה קרסו שניהם מאחורי אחת המצבות המנותצות.

המלים המודגשות בכתום מוסברות במילון המונחים.

"יש לי מקום מחבוא בנויקלן", לחש מוריץ, מתנשף. "אם שואלים למה אנחנו בחוץ, אז הבית שלנו הופצץ."

"טוב," אישר הָיינץ בלחישה. הוא רצה בכל מאודו לחזור לפרצה ולראות אם אסתר הצליחה לצאת, אבל ידע שזה רעיון גרוע. הוא נשם נשימה עמוקה, ובין רעם הפצצות וצעקותיהם של קלגסי הגסטפו, הזדמזם בראשו לחן מוכר, "הנה מה טוב ומה נעים, שבת אחים גם יחד".

היינץ קם והושיט את ידו למוריץ.

"תודה, חבר," אמר. "הגיע הזמן ללכת."

מה קורה בסביבה?

הארגון המחתרתי הציוני־דתי "חוג חלוצי" נוסד בידי יצחק שְוֶורְזֶנץ ואֶדית וולף ב־27 בפברואר 1943, מייד לאחר שעשרות אלפי גברים ונשים יהודיים נעצרו בבתיהם ובמקומות העבודה שלהם במסגרת "אקציית המפעלים". השניים גיבשו סביבם קבוצה נלהבת של צעירים, שהכירו את שְוֶורְזֶנץ מבית הספר בו לימד ומתנועת הנוער הציונית. במסגרת החוג שנוצר קיבלו הצעירים עזרה והכוונה להישרדות במחתרת, לצד תחושת קהילה ושייכות. עם החברים המובילים בקבוצה נמנו גם גד בֶּק, בן למשפחה יהודית־נוצרית, וליאופולד (פּולדי) חוֹנֶס, חרר ותיק של הָיינץ אָבְנָ והמזון, שהיה זה שקישר אותו לחבורה.

החוג היה ארגון המחתרת היהודי־ציוני היחיד בגרמניה הנאצית, אבל סביבו רחשה בברלין רשת בלתי פורמלית אך ענפה של יהודים, יהודים־למחצה ונוצרים, שסייעו במגוון דרכים לנרדפים בידי הנאצים. את תלושי המזון לחברי החוג, למשל, השיג אברהמזון מיהודי־פולני בשם אוסקר אוֹסטָשֶבֶר, שקנה אותם מאיש־קשר בבית הדפוס של הרייך; מארי גרינברג, דודתו הנוצרייה של אָבְרָהָמזוֹן, סיפקה לו ולאחרים מקום מחבוא; והאומן היהודי סיוֹמָה שֶנהָאוּס סיפק לשְוֶורְזֶנץ דרכון מזויף, שאִפשר לו לדאוג לחברי קבוצתו ולבסוף גם לחצות את הגבול לשווייץ. במקביל פעלה בעיר רשת צפופה לא פחות של ארגוני מחתרת קומוניסטיים, ששאפו לא רק לשרוד אלא גם לפגוע במכונת המלחמה הגרמנית או לעורר את הציבור למרד בנאצים, בין השאר באמצעות הפצת כרוזים ברכבת התחתית, בחופי הרחצה ועוד.

מה קרה אחר כך?

לאחר הבריחה הנועזת חידש אברהמזון את הקשר עם אנשי "חוג חלוצי" וחזר לפעילות בארגון. הוא עבר בין מקומות מסתור רבים, בהם בקתת־הגן של דודתו מארי גרינברג וביתה של אֶלזֶה שימקֶה, סוחרת בשוק השחור שהציגה אותו כבנה. הבריחה עודדה את חברי החוג, שביכו באותם ימים את מותו של פולדי חוֹנֶס (שנתפס בידי הנאצים ונשלח לאושוויץ) ואת מעצרה של המיטיבה הגדולה שלהם, אֶדית ווֹלף. ווֹלף, שנעצרה כבר ביולי 1943, הצליחה להשמיד את כל המידע על אלה שלהם סייעה, אבל נשפטה לשנתיים מאסר ושהתה עד סוף המלחמה בלא פחות מ-18 מתקני מעצר ו**מחנות ריכוז**, בהם ראוֶונסבּרוּק ודָכָאוּ. למרבה הפלא, היא שרדה, עלתה לישראל והלכה לעולמה בשיבה טובה בחיפה.

לאחר שנמלט לשווייץ, הצליח יצחק שְוֶורזֶנץ להעביר כ-100,000 רייכסמרק מסניף ג'נבה של תנועת "**החלוץ**" העולמית לקבוצה שנותרה בברלין. בזכות מימון זה, לצד הנאמנות ההדדית של חברי הקבוצה והקשרים שיצרה עבורם אֶדית וולף, שרדו 33 מתוך 40 החברים עד לשחרור ברלין מידי הכיבוש הנאצי.

אחד מאותם שורדים היה הָיינץ אברהמזון. במרץ 1945 הוא אומנם נעצר שוב, יחד עם גד בֶּק, אולם השניים שוחררו ב-22 באפריל, כשמפקד מחנה המעצר קיבל פקודה להוציא להורג את כל העצורים והעצורות ממוצא יהודי. המפקד, שלא רצה להישפט כרוצח אחרי המלחמה, בחר להפר את הפקודה ולשחרר אותם לחופשי. אברהמזון, שהיה לפעיל ציוני, סייע לשוהים ב**מחנות העקורים** בגרמניה וארגן את עלייתם של אלפים מהם לארץ ישראל. הוא עלה רק בשנת 1948 לאחר ששינה את שמו לצבי אבירם, ומאוחר יותר הקים משפחה והתמחה כנגר. בשנות חייו המאוחרות ביקר אבירם פעמים רבות בגרמניה, הרצה בפני תלמידי בתי ספר ואף נאם בבית הנבחרים של ברלין. הוא נפטר בישראל בשנת 2020.

המלים המודגשות בכתום מוסברות במילון המונחים.

היינץ אברהמזון (שני משמאל)
עם בני כיתתו, 1937

לוח זיכרון לבית האבות
היהודי ולמחנה האיסוף

חג שבועות בתנועת המחתרת הציונית "חוג חלוצי".
משמאל לימין" גד בֶּק, יצחק שְוֶורֶזֶנץ, אדית וולף (מוסתרת),
היינץ אברהמזון, פולדי חוֶנס, אדם לא ידוע, מרים בֶּק.
ברלין, יוני 1943

היינץ אברהמזון

אתר הזיכרון לבית האבות היהודי,
גרוֹסֶה המבורגר שטראסֶה 27

לוח זיכרון לאדית וולף (אֶוו),
בּוּנדֶסאָלֶה 79

אבני נגף (אבני זיכרון) להוריו של
היינץ אברהמזון ליד בית המשפחה

ביתה של משפחת אברהמזון,
רחוב צֶדֶניקֶר 2, פּרֶנצלָאוּאֶר בֶּרג

בעקבות
היינץ אברהמזון

מילון מונחים

אורטוריה: יצירה מוזיקלית למקהלה, סולנים ותזמורת, המבוססת לרוב על סיפור או דרמה אבל אינה כוללת משחק דמויות או תנועה על הבמה (בניגוד לאופרה או מחזמר).

(ה)אימפריה הגרמנית: מדינת הלאום הגרמנית הראשונה, שהתקיימה מאז איחוד מדינות גרמניה בשנת 1871 ועד שהקיסר וילהלם השני ויתר על כסאו בשנת 1919. לצד הקיסר, פעל פרלמנט דמוקרטי, שחוקק חוקי יסוד והוביל רפורמות חברתיות. האימפריה הייתה אחת המעצמות המובילות בעולם, והתקופה שבה התקיימה נחשבה במשך שנים לתור הזהב של הגרמנים. לאחר נפילתה הוקמה בגרמניה רפובליקת ויימאר, שפינתה את מקומה בשנת 1933 לדיקטטורה הנאצית בהנהגתו של אדולף היטלר.

אמונה דואלית: הצעה שהעלה דוד פרידלנדר, מראשי תנועת ההשכלה, בשנת 1799. הוא קרא לאימוץ חלקי של הדת הנוצרית על ידי האליטה היהודית, על בסיס העקרונות המוסריים והדתיים המשותפים לשתי הדתות, כדי שהללו יוכלו להתקבל כאזרחים שווי־זכויות בגרמניה. פרידלנדר הציע שיהודים אלה יוותרו על כל המנהגים והאמונות המבוססים על פרשנויות מאוחרות לתורה, כגון התלמוד (ע״ע), ומצד שני לא יאמצו את החלקים הלא־רציונליים של הנצרות (כגון האמונה באלוהותו של ישו).

אנרכיזם: קבוצה של אידאולוגיות הדוגלות בביטול של מוסד המדינה ו/או של מבני השלטון בה, ובהקמת חברה המבוססת על ארגונים התנדבותיים ועל קהילות המנהלות את עצמן ושולטות בגורלן. האנרכיזם החל את דרכו במאה ה-19 וכלל מגוון הצעות לניהול חברה ללא מנגנון ריכוזי, וכן ביקורת רבה על מוסדות המדינה באשר הם.

אקספרסיוניזם: זרם אמנותי שמתמקד ביוצר עצמו ובדרך שבה הוא רואה את העולם. הזרם, שהחל את דרכו במרכז אירופה בראשית המאה ה-20, מתאפיין בהתפרצות עזה של רגשות, שבאים לידי ביטוי באופן זועק ואלים יותר מאשר בזרמים שקדמו לו.

אקציית המפעלים (החל מ-27

בפברואר 1943): מבצע הגירוש של יהודי גרמניה שעבדו במפעלים שהיו חיוניים למאמץ המלחמתי ובארגון הרווחה היהודי, ולכן היו עד לאותה נקודה חסינים מפני גירוש למזרח. הגסטפו לכד את היהודים בבתי החרושת ובבתים וריכז אותם במחנות איסוף, מהם נשלחו תוך מספר ימים אל מחנות הריכוז וההשמדה.

אריזציה: (מילולית: **הפיכה ל"ארי"):** מונח שהמציאו הנאצים עבור תהליך ההוצאה של היהודים מהמרחב הציבורי, שכלל בין השאר מכירה כפויה של בתי עסק וכל רכוש אחר בבעלות יהודים לידי אָרים (גרמנים טהורי־גזע על פי האידיאולוגיה הנאצית). המכירה התבצעה בדרך כלל במחיר שהיה שבריר קטן מהערך האמיתי של הרכוש.

גמרא: שם אחר לתלמוד הבבלי (ע"ע תלמוד).

(ה)גסטפו: משטרת המדינה החשאית של גרמניה הנאצית. תפקידיו העיקריים של הגסטפו היו מעקב ושליטה באוכלוסייה האזרחית ומאבק באותם גורמים שהוגדרו "אויבי המשטר" (יהודים, קומוניסטים ועוד). מטה הגסטפו שכן ברחוב פרינץ אָלבֶּרֶכט בברלין.

(ה)חלוץ: תנועה עולמית של צעירים וצעירות ממוצא יהודי, שתמכו ברעיון הציוני (ע"ע) והתארגנו יחד לעלייה לארץ ישראל. הארגון החל את דרכו בסוף המאה ה-19 בשטחי רוסיה והתרחב לשאר העולם. הסניף הגרמני, עם זאת, נפתח רק בשנת 1923 וזכה להצלחה רק אחרי עליית הנאצים לשלטון, אז התרחב לכ-15,000 חברים.

חמשת חומשי התורה: חמשת הספרים הראשונים של התנ"ך (בראשית, שמות, ויקרא, במדבר, דברים). חומשי התורה, המתארים את מוצאו של העם היהודי ואת הדרך שבה התגבש כעם, נחשבים ביהדות לבסיס החוכמה ומצוות הדת.

יהודי חצר או **יהודי חסות** : יהודי המשרת כסוכן של השליט המקומי, או מספק שירות חיוני לחצרו של השליט, ולכן פטור מחלק או מכל המגבלות המוטלות על יהודים ככלל. התפקיד היה נפוץ במדינות דוברות הגרמנית מימי הביניים ועד סוף המאה ה-18.

יודֶנדוֹיטש (מילולית "גרמנית יהודית"): שם ישן לדיאלקט הגרמני של היידיש, שהתבסס על אוצר מילים משולב (גרמנית עתיקה וקצת עברית) ושימש רבים מיהודי גרמניה עד המאה ה-18. השפה נכתבה באלפבית עברי, ולפעלים העבריים חוברו סיומות גרמניות.

מחנה איסוף או מחנה מעבר: שם כללי למחנות שבהם ריכזו הנאצים יהודים ויהודיות שיועדו למשלוח למחנות הריכוז וההשמדה (ע"ע) עד אשר תוסדר הסעתם ברכבת למחנות. רוב המחנות הללו היו סמוכים לתחנות רכבת, אבל אחדים (למשל בברלין) היו במרכז העיר.

מחנה ריכוז: מחנה ששימוש את הנאצים לכליאתם של כל מי שנחשבו אויבי המשטר, בהם מתנגדים פוליטיים, גברים הומוסקסואלים, מובטלים ויהודים. האסירים חיו בתנאים קשים שכללו עבודות כפייה והרג חסר אבחנה, ורבים בהם עונו, הורעבו ונרצחו. במהלך מלחמת העולם השנייה הוסבו מחנות ריכוז רבים מחוץ לשטחי גרמניה למחנות השמדה, שבהם נרצחו כשישה מיליון יהודים וכן אחרים שהוגדרו כבני "גזעים נחותים", כגון הסינטי והרומה.

מחנות עקורים: מחנות שהקימו רשויות הברית אחרי מלחמת העולם השנייה בשטחי הכיבוש בגרמניה, באוסטריה ובאיטליה, על מנת לשכן בהם באופן זמני את מי שאיבדו את ביתם כתוצאה ממעשי הנאצים. במחנות, שהתקיימו בשנים 1945-1956, עברו כ-11 מיליון רוסים, פולנים ובני לאומים אחרים שנִשפו בידי הנאצים ושימשו עובדי כפייה. בין העקורים היו כרבע מיליון יהודים ששוחררו ממחנות הריכוז או שרדו במחתרת.

מכבי: תנועה בינלאומית של אגודות ספורט בעלות אופי יהודי־ציוני, שהוקמה בראשית המאה ה-20 ומתקיימת עד היום. התנועה קרויה על שמו של יהודה המכבי, גיבור המאבק היהודי ביוונים בימי בית שני.

(ה)מכבייה (מ-1932): תחרות בינלאומית במגוון ענפי ספורט המתקיימת בישראל מדי ארבע שנים ופתוחה לספורטאים ולספורטאיות ממוצא יהודי מכל רחבי העולם. את המכבייה יזם ארגון "מכבי העולמי" בתגובה לסירובו של "הוועד האולימפי" לקבל משלחת ספורטיבית מארץ ישראל.

(ה)מלחמות הנפוליאוניות (1796-1815): סדרה של מלחמות שבמהלכן הוביל נפוליאון את הצבא הצרפתי למסעות כיבושים מול המעצמות האירופיות של זמנו. על הדרך המציא נפוליאון את גיוס החובה, ופירק את האימפריה הרומית הקדושה.

מלמד: בקהילות היהודיות באירופה, כינוי למורה לילדים מגיל 3-4 עד גיל המצוות (13). המלמד חינך קבוצה קטנה של ילדים בדרכי התורה והכשיר אותם ללימוד התלמוד.

מרד האורגים בשלזיה (4-6 ביוני 1844): התקוממות אלימה של אלפי אורגים עניים ורעבים, שניפצו את מכונות האריגה החדשות, משום שאלה ביצעו את עבודתם וכתוצאה מכך נפגע מקור הכנסתם העיקרי. ההתקוממות דוכאה ביד קשה והידיעות על כך התפשטו ברחבי פרוסיה והתסיסו פועלים ומשכילים.

נוער ביסמרק: תנועת נוער של מפלגת הימין המלוכני בשנות ה-20 של המאה ה-20. התנועה, שחברי התנועה השתייכו בעיקר למעמד הבינוני והגבוה, התמקדה במאבק נגד הקומוניזם (ע״ע), אך הייתה נגועה גם בדעות אנטישמיות.

סוציאליזם: קבוצה של אידאולוגיות, שהחלו את דרכן באמצע המאה ה-19 והמכנה המשותף שלהן הוא אמונה בפיקוח חברתי על חלוקת הרכוש והמשאבים, כדי לצמצם את אי־השוויון והפערים בחברה. גרסאות שונות של סוציאליזם דוגלות ברמות שונות של פיקוח - מפיקוח חלקי במסגרת כלכלת שוק חופשי - ועד בעלות משותפת על ההון ועל אמצעי הייצור, גישה המכונה קומוניזם (ע״ע).

סידור: ספר הכולל את התפילות הקבועות שיהודים מתפללים מדי יום ובשבת, וכן את התפילות העיקריות לחגים כמו גם תפילות לאירועים חשובים בחיים, מטקס ברית המילה (בגיל שמונה ימים) ועד להלוויה.

סיטונאות: מכירה של סחורות ושירותים בכמויות גדולות לחנויות או לנותני שירות, ולא מכירה של פריטים בודדים לצרכן.

עליית הנוער: תנועה ציונית (ע״ע) שהוקמה בגרמניה בשנת 1932 כדי להכשיר בני נוער לעבודה חקלאית לקראת העלייה לארץ ישראל ללא משפחותיהם ולספק להם סיוע בארגון המסמכים לעלייה עצמה. התנועה האמינה בעבודה קשה (בעיקר בחקלאות), וכן בחינוך ובגיבוש חברתי, וחבריה סייעו זה לזה לאורך התקופה הנאצית ומאוחר יותר.

פוסקים: רבנים שלא רק מנהיגים את קהילתם אלא גם קובעים כללים חדשים ופרשנויות חדשות לחוקי הדת. ברוב המקרים מתייחס המונח לפרשנים המובהקים של התלמוד (ע״ע) שפעלו בשנים שלאחר חתימת התלמוד.

ציונות: תנועה שקמה בסוף המאה ה-19 במטרה להקים בית לאומי לעם היהודי בארץ ישראל. הציונות התבססה על ערכים דתיים עתיקים, בהם המצווה התנ״כית לשבת בארץ ישראל, לצד האידאולוגיות הלאומיות באירופה, שבהשפעתן שבה להגדיר את היהדות לא רק כדת

אלא גם כלאום.

קברט: מופע בידור הכולל שירה, ריקוד, הומור ועוד, ומתקיים בדרך כלל במסעדה או במועדון (ולא בתיאטרון). בגרמניה מתמקד הקברט במקרים רבים בסאטירה חברתית ופוליטית וכולל נושאים כבדים ואפלים המטופלים באורח קליל. מופעי קברט החלו את דרכם בברלין בראשית המאה ה-20 והגיעו לשיאם בתקופת רפובליקת ויימאר, בשנות ה-20 של אותה מאה.

(ה)קונגרס הציוני: מפגש מאורגן של נציגי יהודים ציוניים (ע״ע ציונות) מכל רחבי העולם, שנועד לדון בהמשך דרכה של התנועה ולקבל החלטות חשובות. הקונגרס הציוני הראשון נערך בשנת 1897 בבאזל, ולאחריו התקיימו עוד 21 קונגרסים עד לקום מדינת ישראל.

קומוניזם: אידאולוגיה הדוגלת בבעלות משותפת על כל ההון ואמצעי הייצור, על בסיס עקרונות המניפסט הקומוניסטי שפרסמו קרל מרקס ופרידריך אנגלס בשנת 1848. הבעלות המשותפת מתוארת כמצב מושלם, שבו תגיע החברה האנושית לשיא התפתחותה, אך התהליך מחייב שלב ביניים הכולל הלאמה של ההון ואמצעי הייצור בידי המדינה.

קונפקציה: ייצור המוני ומתועש של בגדים. עד תחילת המאה ה-19 היו רוב הבגדים מיוצרים בבית (ע״י בני המשפחה) או בידי חייט־אומן, שלקח מידות גוף של הלקוחות כדי לתפור את הבגדים בהתאם; עם עליית המעמד הבינוני, נוצר ביקוש לבגדים נאים במחירים סבירים, ואת אלה ניתן היה לספק רק באמצעות ייצור תעשייתי של בגדים זהים זה לזה, על פי מידות מוגדרות מראש.

קרב חמש: תחרות אתלטיקה משולבת, שכללה חמישה מקצועות (קפיצה לרוחק, קפיצה לגובה, ריצת 100 מ׳, הטלת כידון והדיפת כדור ברזל). התחרות הייתה מקצוע אולימפי לגברים בלבד, עד שהוחלפה בקרב עשר בשנת 1928, ולאחר מכן התחרו בה רק נשים; בשנת 1980 הוחלפה התחרות בקרב שבע, הכולל שבעה מקצועות.

קרב עשר: מקצוע אולימפי שבמסגרתו מתחרים אתלטים/יות בעשרה מקצועות שונים (בהם ריצת 100 מ׳, קפיצה לרוחק, זריקת דיסקוס ועוד), והניקוד מתבסס על ההישגים בכל המקצועות יחד.

(ה)תלמוד: אוסף של פרשנויות לחוקי הדת המפורטים במשנה (ע״ע), שהתפתח כתוצאה של לימוד ודיון ממושך במרכזים יהודיים בבבל ובירושלים. מכיוון שהיו שני מרכזים שונים, התגבשו

שני קבצים שונים באופיים, התלמוד הירושלמי והתלמוד הבבלי (הידוע גם בשמו הארמי, גמרא). התלמוד הבבלי היה נפוץ יותר ובמהלך השנים התקבל ברוב הקהילות היהודיות כבסיס לפסיקה לפי חוקי הדת.

תלמוד תורה: בית ספר יהודי מסורתי שמוקדש ללימוד התורה (ראו חמשת חומשי התורה) ועקרונות הדת, לצד מיומנויות בסיסיות בקריאה ובכתיבה. תלמוד התורה הוא בדרך כלל מוסד ציבורי, שנועד לאפשר גישה לחינוך גם לילדים ממשפחות מעוטות יכולת.

תקרת הזכוכית: דימוי המתאר מחסום בלתי־נראה המונע מבני מיעוטים או מקבוצות מוחלשות להגיע לעמדות כוח בחברה. הדימוי משמש בעיקר פעילות פמיניסטיות כדי לתאר מחסומים המונעים מנשים להתקדם למעמד מסוים גם כאשר התקדמות כזו אפשרית לפי החוק.

לשנות סדרי עולם

על המחבר

רונן אלטמן קידר (נולד בתל אביב, 1972) הוא סופר, משורר ומתרגם, שהשלים תואר שני בפילוסופיה והיסטוריה של המדע באוניברסיטת תל אביב.
ספרו הראשון, הרומן *פרפרי כאוס*, ראה בשנת 2000, ולאחר מכן פרסם גם ספר שירה (*סימני נשיכה*, 2007) ונובלה במתכונת של ספר אלקטרוני (*חיי יצירה*, 2014).

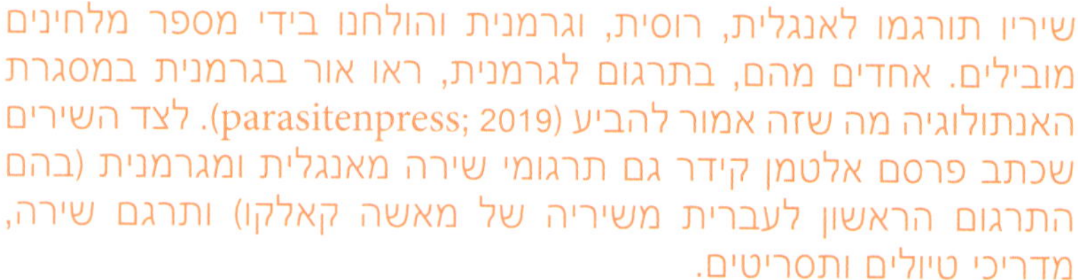

שיריו תורגמו לאנגלית, רוסית, וגרמנית והולחנו בידי מספר מלחינים מובילים. אחדים מהם, בתרגום לגרמנית, ראו אור בגרמנית במסגרת האנתולוגיה מה שזה אמור להביע (parasitenpress; 2019). לצד השירים שכתב פרסם אלטמן קידר גם תרגומי שירה מאנגלית ומגרמנית (בהם התרגום הראשון לעברית משיריה של מאשה קאלקו) ותרגם שירה, מדריכי טיולים ותסריטים.

כיום מתגורר אלטמן קידר בברלין ועוסק בהדרכת טיולים, בדגש על נושאים יהודיים ואמנותיים, וכן בכתיבה ובעריכה של מדריכי טיולים.